"中国减贫奇迹的贵州路径"丛书

李 建 / 主编

李 裴 陈朝伦 / 执行主编

千年之变：中国减贫奇迹的贵州故事

QIANNIANZHIBIAN:ZHONGGUO JIANPIN QIJI DE GUIZHOUGUSHI

邓国超 / 本册主编

贵州出版集团
贵州人民出版社

图书在版编目（CIP）数据

千年之变：中国减贫奇迹的贵州故事 / 邓国超主编
. -- 贵阳：贵州人民出版社, 2021.8
（中国减贫奇迹的贵州路径丛书）
ISBN 978-7-221-16606-7

Ⅰ. ①千… Ⅱ. ①邓… Ⅲ. ①扶贫—研究—贵州
Ⅳ. ①F127.73

中国版本图书馆CIP数据核字(2021)第140658号

“中国减贫奇迹的贵州路径”丛书
李　建 ◎主编
李　裴　陈朝伦 ◎执行主编

千年之变：中国减贫奇迹的贵州故事
QIANNIANZHIBIAN:ZHONGGUO JIANPIN QIJI DE GUIZHOUGUSHI
邓国超 ◎本册主编

出 版 人　王　旭
策划编辑　谢丹华
责任编辑　程　立　杨　琴
装帧设计　陈　电
出版发行　贵州出版集团 贵州人民出版社
地　　址　贵州省贵阳市观山湖区会展东路SOHO办公区A座
邮　　编　550081
印　　刷　深圳市新联美术印刷有限公司
规　　格　787mm × 1092mm　1/16
字　　数　138千字
印　　张　13.25
版　　次　2021年8月第1版
印　　次　2021年8月第1次印刷
书　　号　ISBN 978-7-221-16606-7
定　　价　62.00元

丛书编委会

主　　编：李　建

执行主编：李　裴　陈朝伦

编　　委：徐天才　张　杰　朱新武　杨昌鹏　杨　慧
吴大华　刘　雷　赵　普　王瑞军　林元森
彭锦斌　张绍新　邓国超　王　旭　冉　斌
程　进

编 写 组：郑　娟　冉　斌　陈　贤　陈　成　赵雪峰
王兴骥　张再杰　杨春宇　刘思哲

咨询专家：谢　一　田　洪　汤正仁　杨　军　程　进
高　刚　王永平

本书编委会

主　　编：邓国超

副 主 编：冉　斌

编写人员：李　坤　顾海淞　刘　莹　李玉红　岳　振
付　松　尹长东　赵勇军　王淑宜

践行“相约2020”的庄严承诺

——“中国减贫奇迹的贵州路径”丛书总序

消除贫困、改善民生、逐步实现共同富裕，是社会主义的本质要求，是中国共产党的重要使命。党的十八大以来，以习近平同志为核心的党中央把脱贫攻坚作为实现第一个百年奋斗目标的重点任务，作为全面建成小康社会必须打赢的“三大攻坚战”之一，作出一系列重大部署和安排。习近平总书记亲自挂帅、亲自出征、亲自督战，带领全党全国各族人民打响了一场消除绝对贫困的攻坚战役，力度之大、规模之广、影响之深前所未有。

贵州是全国脱贫攻坚的主战场，能否按时打赢脱贫攻坚战，事关全面建成小康社会百年奋斗目标的实现。习近平总书记非常关心贵州脱贫攻坚工作，多次作出重要指示。2017年10月，党的十九大期间，习近平总书记参加贵州省代表团讨论时要求贵州“守好发展和生态两条底线，开创百姓富、生态美的多彩贵州新未来”，强调“实现第一个百年奋斗目标，重中之重是打赢脱贫攻坚战，已经进入倒计时，决不能犹豫懈怠，发起总攻在此一举”。2018年7月，习近平总书记对毕节试验区作出重要指示，要求我们“尽锐出战、务求精准，确保按时打赢脱贫攻坚战”。习近平总书记的重要指示精神，为我们按时高质量打赢脱贫攻坚战提供了行动指南和根本遵循。

在这场波澜壮阔的脱贫攻坚战中，我们坚决扛起重大政治责任，牢记嘱托、感恩奋进，尽锐出战、务求精准，用汗水浇灌收获、以实干笃定前行，以“贫困不除、愧对历史，群众不富、寝食难安，小康不达、誓不罢休”的坚定信心和决心，凝聚全社会力量攻克贫困堡垒，探索积累了许多弥足珍贵的经验，取得了历史性成就。全省贫困人口从2015年的623万人减少至2019年的30余万人，每年减少100多万人，贫困发生率下降至0.85%。基本解决了义务教育、基本医疗、住房和饮水安全问题，全面建成农村“组组通”硬化路，完成了188万人易地扶贫搬迁，农村产业革命深入推进，牢牢掌握了脱贫攻坚战的主动权和制胜权。贵州曾经是全国贫困人口最多的省，现在是全国减贫人数最多的省！贵州世代贫困的宿命即将彻底改变，即将撕掉千百年来绝对贫困的标签，即将实现第一个百年奋斗目标！我们已经取得了脱贫攻坚的决定性胜利，必将夺取脱贫攻坚的全面胜利！这一前无古人的伟大壮举，必将载入史册、彪炳史册，在历史的长河中熠熠生辉！

2020年是具有里程碑意义的一年，是全面建成小康社会和“十三五”规划的收官之年，是我省脱贫攻坚决战决胜之年，也是攻坚克难的拼搏之年。出版这套“中国减贫奇迹的贵州路径”丛书，不仅是珍贵的历史见证，更是致力于宣传党的十八大以来我省脱贫攻坚取得的辉煌成就，充分彰显、生动体现中国共产党领导和中国特色社会主义制度优越性；致力于展现脱贫攻坚的伟大精神，弘扬新时代贵州精神，用脱贫攻坚的先进人物、先进事迹感染人、影响人，缅怀逝者、致敬英雄，鼓舞大家奋力走好新时代的长征路；致力于为国内外投身反贫困事业的人们分享我们的减贫经验，为推动建设人类命运共同体、加快全球减贫进程作出贡献。

现在脱贫攻坚已进入最为关键的倒计时，战鼓擂动、号角催征。我们将在以习近平同志为核心的党中央坚强领导下，万众一心发起最后总攻，一鼓作气夺取全面胜利，在这场历史性的大考中交出精彩答卷、考出优异成绩，确保按时高质量打赢脱贫攻坚战，践行“相约2020”的庄严承诺！

孙志刚

2020年1月

目　录

第一章

减贫奇迹

千年之变　伟大跨越

最硬的“骨头”彻底啃下，最后的贫困堡垒胜利攻克!

2020年11月23日，贵州省政府宣布威宁、纳雍等最后9个深度贫困县退出贫困县序列，贵州66个贫困县至此全部出列。贵州人民生活由贫穷、温饱向实现全面小康加快迈进，“人无三分银”成为历史，一去不返。

贵州贫困和区位弱势由来已久。明永乐十一年（1413），贵州成为中国的第13个行省，主要是由于军事、政治的考量，经济先天不足、后天失调，为“天下最贫苦之地”。明代思想家王阳明被贬至贵州龙场驿时发出感叹：“连峰际天兮，飞鸟不通”；清乾隆年间贵州巡抚爱必达这样评价：“无薮泽之饶、桑麻之利，岁赋所入不敌内地一大县。”

经过长期漫长的发展，到1985年，贵州贫困人口1500万人，贫困率57.5%，比同期全国贫困发生率高出近3倍，全国超过十分之一的贫困人口在贵州。2011年，贵州贫困人口仍接近1000万，要实现与全国同步全面建成小康社会的目标，任务艰巨繁重。

习近平总书记心系贵州发展，情系贵州人民，对贵州的脱贫攻坚工作十分关心，多次对贵州脱贫攻坚作出重要指示，为贵州脱贫攻坚指明了方向，提供了根本遵循和行动指南，注入了强大动力。贵州各族干部群众发自内心地感恩党中央，感恩习近平总书记，坚决把关怀激励转化为决胜脱贫攻坚、同步全面小康的坚定信心和实际行动，沿着习近平总书记指引的“百姓富、生态美”正确方向不断前进。

党的十八大以来，贵州把脱贫攻坚作为头等大事和第一民生工程，以不获全胜决不收兵的坚定意志和昂扬奋进的战斗姿态，交出精彩答卷、考出优异成绩。贵州从中国贫困人口最多的省变为脱贫人数最多的省，创造了脱贫攻坚贵州样板，在中国反贫困史上，矗立起一座光彩熠熠的里程碑。

一

易出广厦万千，扶出火红生活。书写“千年之变”，穷山民变新市民。

作为最具有标志性意义的脱贫攻坚战“头号工程”，四年时间，乌蒙山脉、武陵山区、滇黔桂石漠化区，一场贵州历史上规模空前的大迁徙，改变了192万人的贫穷命运。

站在时代前列和实践前沿，贵州易地扶贫搬迁“六个坚持”“五个体系”工作法应运而生，在破解难题中创造贵州经验。贵州抢抓机遇、领跑全国，一个山头一个山头推进，为按时打赢脱贫攻坚战奠定了具有决定性意义的基础。

大搬迁，啃下最硬骨头。

2015年11月，中央扶贫开发工作会议关于“易地搬迁脱贫一批”的重要指示，吹响新一轮易地扶贫搬迁的冲锋号。同年12月2日，贵州率先在全国打响易地扶贫搬迁“第一炮”。

“十三五”贵州实施易地扶贫搬迁总规模192万人，其中贫困人口157.8万人，整体搬迁自然村寨10 290个，是全国搬迁规模最大、任务最重的省份，约占全国的1/6，创造了中国易地扶贫搬迁的“贵州奇迹”。

无论是从时间、规模、复杂程度和质量要求来看，192万人易地扶贫搬迁都是一项超级工程，对经济实力并不雄厚的贵州来说，更需要巨大的勇气、坚定的信心、科学的态度和务实的作风。

大搬迁，带来绝地逢生。

“土如珍珠、水贵如油”，人均不足五分地，填饱肚子靠苞谷，出行全靠双腿，上下山一趟，来回就是一天。这是望谟县老麻山乡群众的生活写照。

“这深山旮旯，真的是一方水土养不活一方人啊！”土生土长的老麻山乡人尤崇军说，老家在一个深深的山窝窝里，出门就是山坡坡，干活儿得往山腰爬，一年到头收不了几篓粮食。

整乡搬迁！老麻山乡人“绝地逢生”，而今成为在工厂上班、有城镇医保，小孩可就近上学的城镇“新市民”。

贵州贫，很大程度上贫在“一方水土养不起一方人”。贵州的一些贫困山区，喀斯特地貌突出、耕地资源匮乏、生态环境脆弱，有专家断言很

务川自治县易地扶贫搬迁县城集中安置小区（罗星汉　摄　贵景网发）

多区域“不适宜人类居住”。

围绕“搬得出”，贵州不断探索创新，在一次次实践中找寻自己的破题路径。创造性探索出“六个坚持”，让这场大搬迁成功突围。

“六个坚持”即坚持建设资金省级统贷统还、自然村寨整体搬迁为主、城镇化集中安置、以县为单位集中建设、不让贫困户因搬迁而负债、以产定搬以岗定搬。

贵州交出了一份亮丽答卷：全省建成安置点946个，累计建成住房45.39万套，全面完成192万人（含恒大集团援建毕节搬迁4万人）易地扶贫搬迁任务。

41岁的杨老厦，老家在月亮山腹地的兴华乡高排村，靠种田为生。今年过年时搬进了榕江县城卧龙小区，有了一份稳定工作，“不仅搬进城，还当上了产业工人，真是做梦也想不到”。

一步跨千年。上百万山区群众搬进新居，过上了城里人生活。

大搬迁，写好长远文章。

冬日的阳光暖暖地洒在乌蒙大地。11月16日，纳雍县珙桐社区卫生服务中心，搬迁户杨春学正在泡脚，“这里的医生经常上门给我们讲解养生知识，每天还可以过来免费接受中药泡脚，这在以前是不敢想的”。

珙桐社区卫生服务中心2019年8月投入使用，设有全科诊室、妇科、儿科、中医馆等基础科室，切实解决了白水河社区易地扶贫搬迁群众2192户9767人的医疗保障问题。

为写好易地扶贫搬迁“后半篇文章”，2019年2月，贵州又作出了长远性制度性安排，即建好基本公共服务、培训和就业服务、文化服务、社区治理、基层党建“五个体系”，确保满足搬迁户子女入学需求，确保每个安置点有1个卫生服务机构，确保有劳动力家庭1人以上稳定就业。

“安置点到哪里，服务就延伸到哪里。”贵州所有安置点在项目建设时就同步谋划了社区卫生室。目前，全省易地扶贫搬迁集中安置区教育和医疗配套设施均实现全覆盖，“五个体系”建设推进成效明显。

随机入户调查结果显示，搬迁群众配套基础设施及公共服务设施满意度为99.03%；住房满意度为98.28%；就业脱贫措施满意度为97.95%。

跨过千山来，奔向幸福去。192万贫困群众搬出大山、迎来崭新人生，居新家务新业，命运际遇从此改写。贵州城乡格局、生产力布局发生深刻变化，城乡区域发展协调性增强。

二

乡村“组组通”，发展“步步高”。书写“千年之变”，堵心路变舒心路。

数万公里通组硬化路，接通村村寨寨，联系千家万户，打通群众出行“最后一公里”，为山区贫困农户脱贫致富插上腾飞翅膀。

“通组路修好以后，引来了不少自驾游的车主来游玩，50张餐桌和48张烧烤桌供不应求。”盘州市卡河景区布依农家乐老板吴明说起“组组通”赞口不绝。2018年，盘州市2864公里“组组通”硬化路全面建成。路通了，大山深处旖旎的山水风光，吸引四面八方的游客纷至沓来。

道路的奇迹，在贵州这片神奇的土地上不断上演——2015年成为西部地区第一个县县通高速的省份；2017年实现了建制村通畅率、通客运率达100%，成为西部第一个、全国第14个实现建制村通畅的省份、第10个实现村村通客运的省份。2019年，建成通组硬化路7.87万公里，全省所有30户以上的村寨通了硬化路，惠及沿线1200万群众。

开门见山，黔道难行。92.5%的国土面积是山地和丘陵、全国唯一没有平原支撑的省份、“八山一水一分田”的贵州，地理环境决定了交通基础设施建设的相对落后，并成为农村产业发展、农民脱贫致富的最大阻碍。

在实现县县通高速、村村通硬化路之后，贵州省委、省政府进一步补齐乡村发展短板，将农村“组组通”公路建设放在脱贫攻坚“四场硬仗”重中之重的位置，全力破解因交通瓶颈制约农村发展的难题。2017年8月，贵州启动农村“组组通”硬化路三年大决战，奋力打通农村出行“毛细血管”。

加速向前进，跃马再扬鞭。

为加快推进工程进度，出台了《贵州省农村“组组通”公路三年大决战实施方案》，围绕此方案，省交通运输厅又制定了5个规范性配套文件，形成“1+N”政策体系，明确了通组路修建范围、标准、建设资金、建设主体、道路养护等一系列问题。与此同时，全省各级各有关部门加大工作协调力度，形成了“省级指导、市州统筹、县区主责、乡镇实施、村民参与、多方协作、各方监督”攻坚决战合力。

余庆县大乌江镇拍摄的通组公路（罗星汉　摄　贵景网发）

面对艰巨的“组组通”硬化路建设任务，贵州积极拓展思路，大胆涉足“盲区”，在全国率先研发农村“组组通”硬化路监管平台，通过监管平台“规划管理、建设进度、质量验收”等15个应用模块，科学制订施工计划，合理调配资金、设备、人员、砂石、水泥等生产要素，扎实推进项目进度。

同时，按照“不搬迁的村寨要通公路”及“一组一路”的原则，将通组硬化路建设项目与沿线贫困群众居住点、产业发展、乡村旅游等统筹考虑，既打通出行“快车道”，又铺就脱贫“幸福路”。

到2019年6月，仅用20个月时间，贵州全面完成了“组组通”7.87万公里路面建设任务，完成投资459.12亿元，全省3.99万个30户以上村寨通畅率从2017年6月的68.9%提高至100%，真正打通了群众生活出行和产业发展的“最后一公里”。

打通产业路，发展天地宽。

曾经，一条烂泥路，“晴天一身灰，雨天一身泥”，让威宁草海镇吕家河村民发展无门。

“如今路通修了，我种了烤烟和高峰竹柳共160亩，一年就挣了30万元。”吕家河村村民夏勇说，通组路成了他的致富路。2018年，吕家河村新建通组公路10.5公里。一年多时间，吸引了100余名外出务工的村民回乡创业。

路建好了，管路护路为村民开辟了就业门路。

“我们组共有3名养护员，负责6.5公里通组路的日常管护以及路面保洁工作，每人一年能挣6000元。”2018年3月，七舍镇革上村峰岩组村民陈志红正式上岗，成为该村民组的路长。

“组组通”公路建设完成后，兴义市为344条通组公路分别配备了“管家”，选聘了当地344名村民作为路长，并签订了责任状，负责做好公路养护，让一批贫困户实现就业增收。

昔日“连峰际天、飞鸟不通”，今朝“大道通衢、八面来风”。如今的贵州农村，山还是那些山，路却已发生了历史性巨变：有高速公路带来的快捷方便四通八达，更有让群众触手可及、收获满满幸福感的农村公路，这些畅通的“毛细血管”，于绿水青山之间，架起乡村振兴的桥梁。

高山挡不住，大道踏歌来。贵州交通翻天覆地的巨变，彻底改变贵州经济社会发展的基础条件，为推动全省经济社会高质量可持续发展创造了全新的空间起点。

三

黔货出山如泉涌，风行天下山珍鲜。书写“千年之变”，“抱鸡赶集”变“接二连三”。

贵州产业革命如火如荼，产业结构调整乘风破浪，千年沉寂的土地正焕发勃勃生机，17.6万平方公里的土地上，涌动着产业兴旺的生动故事。

乌蒙深处，纳雍“滚山鸡”飞进粤港澳大湾区。产业发展一头连着千家万户，一头连着广阔市场，农民成为产业工人，黔货走向四面八方。

麻山腹地，“望谟跑山牛”跑进“长三角”。依靠东西部扶贫协作，养牛产业在望谟县农村做大做强，农民牵住增收的“牛鼻子”，赶着黄牛奔小康。

贵州产业革命两年多的成绩单显示：贵州茶叶产量全国第一，辣椒“产加销”全国第一，食用菌产业跻身全国第一梯队省份，蓝莓、李子、猕猴桃、火龙果、中药材等面积和产量居全国前列。在2020年各地深受疫情影响的大背景下，贵州重点农产品反而产值攀升，2020年前三季度食用菌实现增长39%、蔬菜增长8.2%、辣椒增长7.2%。短短几年间，黔货出山一路高歌猛进，从2017年全年销售农产品100亿元，到2020年1—9月585.5亿元，销售额翻了几番，农村产业革命成效凸显。

“八山一水一分田”的贵州，曾经因山而穷，受困于山。在决战决胜脱贫攻坚的关键时刻，用好贵州厚积的生态优势，用好立体交通铺出的快捷通道，守好发展和生态两条底线，走好靠山吃山、吃山养山之路，做好绿水青山就是金山银山的大文章，成为贵州干部群众“牢记嘱托、感恩奋进”的生动实践。

2018年以来，贵州省委提出在全省来一场振兴农村经济的深刻的产业革命，深入推进思想观念、发展方式、工作作风“三场革命”，全面推行产业选择、培训农民、技术服务、资金筹措、组织方式、产销对接、利益联结、基层党建“八要素”，念好“山字经”，做好“水文章”，特色资源优势不断转变成经济增长优势。

人无我有，人有我优，人优我特。贵州产业革命在产业选择这一环节上，既瞄准市场需求，又立足贵州土壤、气候等资源特征，把特色产业做大做强，变成有规模的优势产业。贵州明确提出以坝区提质增效和坡地耕地结构调整为重点，选准茶叶、蔬菜、食用菌、辣椒、水果、刺梨、中药材、特色林业等12个特色优势产业，实行12位省领导领衔推进12个特色优势产业，有效推动传统农业提质增效。

产业发展，要聚合各个生产要素，构建从基地到市场一体化的产业链。为此，农村产业革命通过“龙头企业+合作社+农民”的组织方式，在各个环节上，通过科研单位和院校、农技部门助力，搞好培训农民的技术服务；通过企业资金和扶贫项目资金的整合，既解决发展中的困难，又让产业发展的红利惠及贫困户；通过以“村社一体”为特征的基层党建，切实保证农民的利益，并从发展中选拔优秀人才充实基层组织。

优质产品对接市场，黔货出山产销两旺。贵州紧扣“八要素”，以实现传统农业向现代农业“六个转变”为目标，以落实“五个三”为重要路径，通过拓展省内、东部、黔货出山进军营三大市场，提高标准化、规模化、品牌化三化水平，壮大流通型龙头企业、农村经纪人队伍、农村电商三大销售主力，促进三次产业融合发展，强化资金支持、科技服务、农业设施三个保障，纵深推进农村产业革命。

春种一粒粟，秋收万颗子。通过纵深推进农村产业革命，不断破解各种发展难题，激发广大群众内生动力，贵州广大农村焕发出加快发展、人与自然和谐共生的景象。

在乌蒙腹地威宁自治县的一个个坝区，随着蔬菜、苹果、中药材、马铃薯等特色优势产业的不断做大做强，产业激发了能人返乡创业，并带动了搬迁群众、年龄大无法外出务工群众在家门口就业。“我家有3个人在蔬菜基地务工，每月工资收入有近万元，还流转了17亩土地给公司，每亩600元一年的流转费。”威宁自治县双龙镇凉山村村民马敏万说，“以前靠吃荞麦洋芋过日子，现在拿着工资心里安稳。”

产业革命春风化雨，贵州大地生机无限。沉寂千年的土地产业勃兴，化蝶飞舞翱翔蓝天，书写着百姓富生态美、绿水青山就是金山银山的画卷，全省农业增加值和农民人均可支配收入增速连续2年位居全国前列，为决胜脱贫攻坚、衔接乡村振兴提供了强有力的产业支撑。

四

教育斩断穷根，知识改变命运。书写“千年之变”，“紧财政”变“大教育”。

党的十八大以来，贵州举全省之力，努力办好人民群众满意的教育，着力补齐教育短板，持续多年压缩6%的行政经费用于教育扶贫，深入实施农村中小学营养改善计划，农村学前教育儿童营养改善全覆盖，在西部率先实现县域义务教育基本均衡发展，高质量发展职业教育，教育改革成果惠及广大人民群众，人人都有更多“出彩机会”。

在威宁自治县迤那镇，“一看房、二看粮，三看劳动力强不强，四看有没有读书郎”的贫困户识别“标准”，早已深入人心；在黔东南州镇远县江古镇中心小学，参加过“国培计划”的语文老师黄俊琼，一直践行着“让贫困地区每一个孩子都能接受良好教育”的育人承诺；在黔西南州

2016年，惠水县共帮扶贫困学生30139人次，帮扶资金达3755.887万元（芦晓娟　旷光彪　摄）

安龙县，建档立卡贫困户学生韦顺水通过在宁波技师学院“对口协作安龙班”的学习，成为一名技能新星。

让本该在课堂的孩子安心在学校学习，确保控辍保学“不漏一户、不错一人、不少一个”。

2019年，贵州在全国率先制定了《控辍保学劝返复学工作指南二十条》；在具体责任落实过程中，明确县级政府控辍保学主体责任，落实控辍保学工作政府部门、教育系统“双线”责任制，建立市、县、乡、村四级“辍学台账”，建立县长、局长、乡镇长、村委会主任、校长、师长、家长“七长”负责制，瞄准“开学前”精准摸排、“开学时”按时报到、“考核时”动态清零“三个节点”，实现了因人施策精准劝返。2019年11月，全省建档立卡贫困家庭义务教育阶段适龄儿童少年失学辍学首次实现动态清零。

让成为城镇新市民的孩子上好学，用良好教育保障“以学促搬”、变“劝搬”为“想搬”。

把配套学校建设作为易地扶贫搬迁后续扶持“五个体系”建设的重要内容扎实推进，贵州各地统筹利用易地扶贫搬迁安置点周边原有中小学幼儿园资源，着力增加教育资源供给。把96所易地扶贫搬迁安置点配套学校建设作为挂牌督战对象快速、高质量推进，共新增学位7.9万个，其中解决易地扶贫搬迁户适龄子女就学5.2万人。从2016年到2020年6月，全省各地累计新建、改扩建易地扶贫搬迁安置点配套学校594所，集中安置区100%实现教育配套设施全覆盖。

让更多贫困子弟掌握一技之长，实现“职教一人、就业一个、脱贫一家”。

从2013年秋季学期起，贵州教育“9＋3”计划（巩固提高9年义务教育和实行3年免费中职教育）开始实施，免除省内中等职业教育在校学生学费，60%以上中等职业教育学生享受国家助学金。大力实施“职教兴黔富民行动计划”，职业教育成为脱贫致富“直通车”。近年来，贵州中职、高职在校生迅猛增加，累计有近10万名贫困家庭的中高职学生顺利就业。贵州通过中职“强基”、高职“双高”、“黔匠”培养“三大工程”，实施职业教育助力全面小康行动、服务乡村振兴行动、服务新型城镇化行动“三大计划”，推动职业教育高质量发展。

让贫困群众增收得到强有力的科技支撑，高校科研人员努力“把论文写在贵州脱贫攻坚的大地上”。

“台上讲百遍不如地里干一遍。”全省高校相关博士、硕士学位授权点充分发挥人才、资源等科研优势，倾力服务12个农业特色优势产业。全省高校服务农村产业革命项目库自2018年启动以来，10个学科群涉农产业领域科研项目和平台项目达73项，目前已辐射带动全省经济增加收益约95亿元。涉农高校许多一线教师、专家长期扎根田间地头，实现“9+3”县（区）技术服务全覆盖，在泥土中播撒智慧，孕育丰收的希望。

“蔬菜女神”、贵州大学蔬菜产业队长张万萍在威宁深耕沃土；全国最美教师、望谟县实验高中副校长刘秀祥孜孜不倦地为学生阐述“奋斗的意义”；2020年，台江民中毕业生李玲玲顺利考入她曾经的校长、“时代楷模”陈立群家乡的杭州医学院，开启人生新征程……

朝阳映多彩，教育斩穷根。成为新市民的小朋友，琅琅书声中编织七彩梦想，饱含着对全面小康、现代化建设的热烈期待。那些送知识送技术下乡的老师们，在广袤大地上找到了一批奋力创造美好生活的农民“大”学生。站在继往开来的全新起点，特色教育强省使命愈重，立德树人责任愈明，教育帮扶力量愈新。

五

基本医疗有保障，贫困群众人人享。书写“千年之变”，“看病难”变“有医靠”。

从乡村卫生室听诊器、血压计、体温表的“老三件”，到诊室、治疗室、公共卫生室和药房“四室”分开以及药物种类多、各类小型医疗设备齐全的现代化卫生室，从大病往外跑到家门口通过远程医疗与专家面对面，从大病“听天由命”到“三重医疗保障”来解难……贵州坚决打赢健康扶贫硬仗，在66个贫困县坚持重心下移、资源下沉，不断加大基层卫生室标准化建设力度，强化基层医疗卫生服务队伍，全面实现贫困人口看病有地方、有医生、有制度保障，群众就医获得感、满意度不断提高。

在威宁自治县双龙镇红光村的“幸福卫生室”，宽敞、明亮的环境不仅改变了村民对卫生室的传统定义，更改变了乡村医生的工作条件。村民杨永永用自己的感受诠释着“幸福卫生室”的幸福：“以前买药要跑到县

村民在晴隆县阿妹戚托小镇社区卫生服务站远程医疗会诊室进行远程会诊（李枫　摄）

医院，走路要花一个半小时。现在，卫生室方便规范，药品齐全，服务挺好，大家都愿意到这里看病！”

消除医疗人员“空白点”。

全面完成健康扶贫“三个三”，即每个县至少建有1所二级甲等及公立医院且每个专业科室至少有1名合格的执业医师；每个乡镇均建成1所政府办卫生院且至少有1名合格的执业（助理）医师或者全科医师；每个行政村均有1个卫生服务机构且至少有1名合格的乡村医生。目前，全省村卫生室20 265个，合格村医29 850人，结束了农村贫困地区、乡村两级医疗卫生机构和人员空白的历史。

打通医疗服务“中梗阻”。

紧密型县域医共体建设快马扬鞭，逐渐构建起“县强、乡活、村稳、上下联、信息通”的农村三级医疗卫生服务体系，县域内就诊率和基层医疗卫生机构诊疗量逐步上升，分级诊疗加快形成；对建档立卡贫困户实行先诊疗后付费，在县域内因病住院，医疗机构实行“一站式”结算；在县乡村三级医务人员组建家庭医生服务团队，以建档立卡贫困人口中高血压、糖尿病、肺结核、重症精神障碍4类慢性病患者为重点服务人群，实现家庭医生应签尽签、应管尽管。

实现远程医疗“乡乡通”。

全面建成省、市、县、乡四级远程医疗服务体系，把优质资源送到百姓家门口，成为全国第一个由政府主导建立的远程医疗系统，以省为单位第一个投入实战的远程医疗系统，率先在全国构建了“一网络、一平台、一枢纽”远程医疗架构。全省所有政府办医疗机构共1836家全覆盖，实现远程医疗县县通、乡乡通。自2016年6月实现公立医院全覆盖以来，全省远程医疗服务总量达162万例次，通过远程医疗累计节约医保与群众自付医疗费用及群众外出就医产生的交通、食宿、误工等生活费用约6.1亿元。

筑牢医疗保障“防护墙”。

全省农村贫困人口大病专项救治病种扩大到30种，省、市级定点医院为大病贫困患者开设“绿色通道”，实现应治尽治；建档立卡贫困人口百分之百参加医保，通过基本医保“保基本”、大病保险“保大病”、医疗救助“托底线”的“三重医疗保障”制度，实现建档立卡贫困人口动态应保尽保、应资尽资、应报尽报。

每每谈起儿子的病情和医治过程，榕江县古州镇料里村马路边组建档立卡贫困户潘仁红感慨万千。

2008年，潘仁红5岁的儿子被查出患有血友病，为了给儿子治病他债务缠身。2015年，贵州进一步完善重大疾病救治政策，血友病纳入了救治范围。从此，潘仁红为儿子开药，通过医保报销后，自己只需支付少量医疗费用。2019年5月，贵州出台了医保扶贫政策，对建档立卡贫困户实施“三重医疗保障”，儿子生病所花的医疗费用高达28万元，经过医保报销后仅自费不到1万元。

甩脱重负轻装上阵，健康贵州大步“黔”行。没有全面健康就没有全面小康，那些困扰贫困群众的“看病难、看病贵、看病远”包袱渐成历史，“小病不出村，常见病不出乡，大病不出县”的目标正成为现实，为中国梦的贵州篇章打下坚实健康基础。

六

住进安全房，幸福有保障。书写“千年之变”，“忧居”变“优居”。

从摇摇欲坠的茅草屋、土坯房到住进宽敞明亮的安全房，从老旧住房透风漏雨整治到告别人畜混居……为了让贫困群众不住危房，从2008年起，贵州在全国率先实施农村危房改造试点，为全国农村危房改造提供了借鉴。党的十八大以来，全省累计实施农村危房改造221万户，特别是2017年启动农村危房改造和住房保障三年行动计划以来，全面聚焦建档立卡贫困户、低保户等4类重点对象，确保住房安全保障不漏一户、不落一人，千万农村群众居有所安的梦想变为现实。

在关岭自治县花江镇锡厂村，58岁的柏辉祥原本居住在破旧不堪、透风漏雨、无水无电的房屋里。他青少年时就有一个梦想：住进白瓷墙、地板砖，开关一按灯就亮、龙头一开水就来的新房。

2017年，柏辉祥的梦想变成了现实——花江镇在锡厂村选择合适位置，建起全镇第一个危改集中统建点。柏辉祥和邻居们在这里开启了新生活。

“新房子不仅有白瓷墙、地板砖、自来水和电，最重要的是，再也不怕刮风下雨天了。”柏辉祥很珍惜现在的生活，每天都要把屋子打扫得干干净净。

群山之中，成千上万个“柏辉祥”告别了危旧房，住进了安全房。

天柱凤城街道南康村村民龙喜红2018年危改的房子（陈光昌　摄）

配套实施“三改”，人居环境更优。

2017年，贵州启动脱贫攻坚农村危房改造同步配套“三改”工程，按照“缺什么、补什么”的原则，同步实施改厨、改厕、改圈，实现农房卧室、厨房、厕所、圈舍等合理分离，切实改善农房基本居住功能和卫生健康条件。截至目前，全省实施农村危房改造同步“三改”工程45.5万户，累计补助资金14.86亿元。

透风漏雨整治，老旧住房更牢。

“屋外下大雨，房内下小雨。”“人在家中坐，冷风穿堂过。”针对我省农村住房木结构较多，气候冬季湿冷、夏季多雨，因年久失修或遭遇极端天气，极易产生透风漏雨等问题，2018年，贵州启动实施农村老旧住房透风漏雨整治，以“顶不漏雨、壁不透风、门窗完好”为目标，制定了透风漏雨整治的认定标准、验收标准；按照量力而行、尽力而为的原则，明确了透风漏雨整治的扶持对象、保障范围；采取综合整治、分级负责的方式，建立了农户整治为主、政府扶持为辅的工作推进机制，全面聚焦深度贫困地区、聚焦建档立卡贫困户。截至目前，全覆盖排查的30.6万户整治任务已全部完成，累计补助资金3.35亿元。

人畜混居治理，文明新风更盛。

2019年，贵州强力推进农村人畜混居整治，整治一户、销号一户，彻底改变了一些农村落后的居住方式，千百年来的人畜混居现象已成历史。2020年底，全省全覆盖排查的7.12万户整治任务已全部完成，累计补助资金1.58 亿元。

“揭掉杉树皮，盖上小青瓦；木房开个窗，屋里亮堂堂。”

从江县翠里乡滚合村村民夏香云笑开了花，“国家政策真是好啊，帮我们农民出钱改造房子，把人和牛分开，干净又舒服。”那个从前牛粪遍地、臭气熏天的破屋子，再也不见了。

“四谢共产党，住房把你想，以前住的茅草屋，现在砖瓦新楼房……”湄潭县田家沟农民自编自演《十谢共产党》花灯戏中，几句歌词发自内心地唱出了新时代广大农民群众的心声。

住有所居暖民心，青砖白瓦映笑颜。一砖一瓦，为百姓筑起遮风挡雨的居所。民生建设迈向新台阶，贵州以扎实行动温暖百姓住有所居、居有所安的梦想，撑起奔向幸福生活的支点。

七

千年干渴地，今朝活水来。书写“千年之变”，“望天水”变“幸福泉”。

贵州举全省之力接续推进系列水利工程建设，引来汩汩清水，润泽黔贵大地，破解千年水困。

“十五年前，政府为我们修建了小水窖，今年又重新找水源、建工程、铺管网，让家家户户都喝到‘方便水’‘放心水’。”黔西市钟山镇猫山村小坝一组管水员姚登品，在家中打开水龙头，看着汩汩流出的清水，笑得合不拢嘴。

泉清润心甜，水活百业兴。解除水困是贵州人民千年热盼，

“十二五”以来，贵州举全省之力攻坚克难，接续推进水利建设“三大会战”、水利建设“三年行动计划”、农村饮水安全攻坚决战行动等。到2020年已全面解决了2131万人次农村居民和200.5万农村学校师生的饮水安全问题，年供水保障能力达123.7亿立方米，基本解决了工程性缺水问题。

重大工程，水利枢纽破解千年水困。

西南腹地，云贵高原，贵州山民自古缺水干渴。乌蒙峡谷，牛栏江畔万千百姓世世代代下河背水；乌江两岸，乡民村夫守着大江掘井挑水。黔中地区人口集中，但长期以来生产生活用水严重不足。

为破解缺水千年之困，贵州狠抓水利基础设施建设，一座座大型水利枢纽工程在山川峡谷中赫然崛起。

覆盖面积达4700平方公里的黔中水利枢纽工程，是贵州首个大型跨地区、跨流域长距离调水工程。2009年破土动工，战胜重重险阻，于2018年1月实现一期工程成功通水。半个多世纪的等待，黔中人民终于尝到了远方的三岔河水的清冽甘甜。

“十二五”以来，贵州投入水利资金2600多亿元，开工建设大中小型水库418座。新增农田灌溉793.07万亩，治理病险水库1176座，治理水土流失面积2.23万平方公里，实施中小河流治理项目686个，年供水保障能力达123.7亿立方米。新增水电装机151.22万千瓦。

今天，贵州投建水利枢纽工程依然步履铿锵，“水网会战”投资计划加快实施，凤山水库导流洞已贯通，黄家湾水库、夹岩水库大坝已封顶，马岭水库已下闸蓄水，观音水库开工建设。

丹寨县兴仁镇王家村苗族妇女在用自来水洗菜（芦晓娟　摄）

夙兴夜寐，水利人战天斗地舍生忘死。

水利工程多在高山峡谷，工作环境极为艰苦，但贵州水利人不畏艰险，为了贵州水利事业战天斗地。

2018年启动实施全面解决农村饮水安全问题攻坚决战行动，2020年启动脱贫攻坚农村饮水安全挂牌督战，一个个艰苦卓绝的建设任务，考验着贵州水利人的意志和决心。

2020年初，面对新冠肺炎疫情压力，全省水利系统凝聚力量，组建18支队伍1000余名队员的督战工作队，深入贫困地区，集中开展问题排查、整改、销号行动，坚决打赢农村饮水安全歼灭战。

被野蜂蜇伤，不慎滑落山沟，手指肌腱断裂……这是贵州省脱贫攻坚农村饮水安全第四工作队成员陈巍巍在榕江县计划乡九秋村查看水毁点时的亲身经历。

2020年11月7日，47岁的贵州省水投水务集团贞丰公司副总经理王培贤因长期高负荷工作并加班熬夜后突发脑溢血与世长辞。他在世最后一周的工作日程令人唏嘘："周一白天参加例会；周二凌晨5点，赶往晴隆参加农村饮水安全挂牌督战；周四赴兴义市参加污水处理厂招投标会；周五回贞丰，白天到沙坪督促污水处理厂建设进度，晚上整理督战工作小结，完善工程资料直到凌晨5点……"

英雄已逝，事业永存。正是因为有太多像王培贤一样的勇于担当、舍生忘死的一线水利人的不懈努力，才换来贵州水利工作巨大成绩，让广大人民群众用上"稳定水、干净水、放心水"。

曾经，“天上年年降雨多，地上人人找水喝。”“雨水期靠蓄水，枯水期靠买水。”想起过去家中总是断水的日子，兴义市泥凼镇金竹凼村建档立卡贫困户吴天华感慨万千。

“如今，再也不会为水发愁啦！”吴天华走进厨房拧开水龙头，清澈自来水的“哗哗”声，应和着他“咯咯”的欢笑声，传出庭院，传出寨子，传到远山。

高峡出平湖，甜水润贵州。经过几代人的艰苦努力，贵州水利建设取得辉煌成绩，为人民美好生活和经济社会高质量发展提供了重要保障，为贵州现代化建设创造了新的历史起点。

八

聚真情八方来援，战贫困合力攻坚。书写“千年之变”，“走单骑”变“群英会”。

“刺梨是所有水果中维生素C含量最高的。”2020年9月28日，“共和国勋章”获得者、中国工程院院士钟南山再次为贵州刺梨“点赞”。

2020年4月，由钟南山领衔，与贵州省呼吸疾病研究所、广药集团合作的“刺梨呼吸疾病研究联合攻关组”成立，首批研究项目成果预计年底发布。

贵州与刺梨，相伴千年却“相顾无言”。在东西部扶贫协作的推动下，刺梨的产业价值才被真正“解读”。

2018年11月，广药集团接到对口帮扶贵州刺梨产业任务后，15天时间，形成了《贵州刺梨时尚生态产业“136”发展方案》；98天，广药集团帮助贵州开发出“刺柠吉”系列产品。

2019年的半年时间，“刺柠吉”销售额超1亿元，间接带动2.8万人脱贫致富。

天时地利人和，贵州刺梨产业乘势而上。全省刺梨种植面积突破200万亩，鲜果产量10万吨。全省已有多家企业生产刺梨相关产品，形成多品类发展态势。

众人拾柴火焰高。强大的合力不仅在全国掀起一阵“刺梨热”，更助推了贵州脱贫攻坚各战场的激情。

贵州主动对接中央单位定点帮扶，大力推广教育医疗“组团式”帮扶，扎实用好统一战线帮扶毕节、澳门帮扶从江等各方力量，深入开展国有企业“百企帮百村”、民营企业“千企帮千村”，形成了各界倾力支援、干群携手攻坚的生动局面。

2020年国庆期间，黔西市大关镇丘林村迎来旅游热潮。在民建中央领导多次赴丘林村帮扶下，这个集观光、休闲、度假等为一体的生态村庄应运而生。

“毕节不脱贫，我们不脱钩；毕节脱了贫，我们不断线。”统一战线倾情倾力参与毕节试验区建设，在决胜脱贫攻坚和实施乡村振兴的接口践行庄严承诺，继续书写乌蒙大地上的精彩。

沿着我国海岸线由北至南——大连、青岛、苏州、上海、杭州、宁波、广州，7个沿海城市分别与六盘水市、安顺市、铜仁市、遵义市、黔

盘州发展刺梨种植助农增收（贵州日报天眼新闻记者　陈慧　摄）

东南州、黔西南州、毕节市和黔南州结下了深厚友谊。

这友谊，价值连城。2013年以来，东部帮扶城市向贵州投入财政帮扶资金逐年增长，累计达121.97亿元。

“白茶苗苗生了根，脱贫不忘感党恩。一要感谢习近平总书记，二要感谢黄杜村。”两年前，普安县10个村种下由浙江安吉县黄杜村捐助茶苗的2000亩“感恩茶”，让862户贫困户受益。

这友谊，情深似海。东部帮扶城市不断选派优秀的支教、支医团队到贵州开展帮扶，加速推动贵州医教事业发展。

本科率79%。这是台江县民族中学今年的高考成绩单，而四年前，每年都有百余名学生由于各种原因辍学，仅有100来人能上二本线。改变，正是因为杭州市对黔东南州进行的“组团式”教育帮扶。

“组团式”帮扶已成为深入推进东西部扶贫协作的重大创新和提升贫困地区教育医疗水平的重大举措。截至2019年底，全省已打造“组团式”帮扶试点176个，促成三级医院对口帮扶贵州66个贫困县医院、三级中医院结对帮扶贵州64家中医院，2760个深度贫困村、2632所贫困县中小学和1081所乡镇卫生院完成结对。

在贵州脱贫攻坚战场上，“恒大模式”和“万达模式”是企业协作战贫的代表。

恒大集团在大方县打造的奢香古镇，如今已成为国家4A级旅游景区。恒大集团还计划无偿投入110亿元扶贫资金定向用于毕节市扶贫工作，已到位资金70亿元。

万达集团在丹寨县打造的万达小镇已运营3年。万达还帮助当地建设职业技术学院，设立产业扶贫基金，帮助丹寨提升“造血功能”。“万达丹寨包县扶贫”案例入选全球减贫最佳案例库。

2018年，澳门特别行政区政府、中央政府驻澳门联络办公室与贵州签署首批9项帮扶协议，正式开启澳门对从江的帮扶。自此，澳门特首到从江进行实地考察，澳门社会各界人士积极参与，帮助贵州培训旅游人才，组织澳门同胞到从江旅游，积极帮助销售农副产品。许多爱心人士也到从江进行捐资助学、扶贫济困。

创新开展的澳门特别行政区帮扶行动，是脱贫攻坚在“一国两制”伟大实践中创造的成功经验。

山风见海浪，帮扶显真心。贵州脱贫攻坚广泛凝聚强大合力，形成了各界倾力支援、干群携手攻坚的生动局面，植根在中国特色社会主义制度优势沃土结出累累硕果，更为贵州践行新发展理念、融入经济双循环新格局积累合作共赢优势。

九

党员干部打头阵，自有猛士战深贫。书写“千年之变”，“血肉躯”变“钢铁侠”。

责任在肩，奋勇向前；鼓足干劲，不辱使命。带头搬迁、志愿服务，创办夜校、发展产业……全国人大代表、惠水县新民社区党支部书记罗应和满腔热忱书写易地扶贫搬迁“后半篇文章”。

在第一书记付刚的带领下，曾经“有雨遍坡流，无雨水无踪”的沿河自治县中寨镇大宅村告别饮水困难，“安全水”流进家家户户。

在干部群众的苦干实干中，昔日生活贫困、交通闭塞的从江县加勉乡党翁村焕然一新，村民转变观念、美化庭院、鼓足干劲，朝着美好生活奋勇向前。

艰苦卓绝的脱贫攻坚已接近尾声，感恩奋进的铿锵足音正响彻大地。

干部精神好，群众斗志高。五级书记率先垂范，4.5万名驻村干部、第一书记，11.2万名各级机关事业单位帮扶干部扎根一线，带领广大群众攻坚克难。

他们甩开膀子、迈开步子、沉下身子，以“咬定青山不放松”的韧劲、“不破楼兰终不还”的决心，向贫困堡垒发起总攻，用坚强毅力担当使命。

他们是最能战的铁军。第一时间站出来、关键时刻顶上去，以对党和人民极端负责的态度，履职尽责、担当重任，坚持帮一户脱贫一户、干一件成功一件，真心实意为群众干实事、做好事、解难事。

他们是最坚定的先锋。战贫、战疫又战灾，三管齐下，披坚执锐。全省各级党员干部尽锐出战、干字当头，以挂牌督战为契机，坚持抓具体抓深入，查缺补漏、对症下药，在以人民为中心的发展中鏖战贫困、誓拔穷根。

他们是最贴心的干部。走村入户拉家常、结对子、交朋友，在联系服务群众上用情，群众冷暖常挂牵；在宣传教育群众上用心，群众忧乐记心间；在组织凝聚群众上用力，绘出最大“同心圆”。

大浪淘沙，当有凌云之志；沧海横流，干出英雄本色。

在脱贫攻坚伟大进程中，全省各地涌现出一大批先进集体和个人，书写了一部部绝境突围、决战贫困的英雄传奇，树立起一座座令人敬仰、永不褪色的精神丰碑。

黄大发、邓迎香、陈立群、余留芬、陈大兴……一个个耳熟能详的普通名字，就是一个个能征善战的开路先锋。省委连续三年召开全省脱贫攻坚“七一”表彰大会，表彰先进个人3197名，先进党组织1498个，追授“全省脱贫攻坚优秀共产党员”9名。

崇尚英雄才会产生英雄，争做英雄才能英雄辈出。全省上下以先进典型为榜样，坚持比学赶超、见贤思齐，在学习先进中提升自我，在对标先进中接续奋斗，在争当先进中赢得荣誉，奋力在脱贫攻坚主战场上坚守阵地、再立新功！

贵州把脱贫攻坚作为锤炼干部的主阵地、主战场，出台《关于进一步激励广大干部新时代新担当新作为的实施意见》等制度，通过政治上激励、工作上支持、待遇上保障、心理上关怀，建立干部关怀机制，让奋战在脱贫攻坚一线的党员干部在政治上有盼头、工作上有劲头、生活上有奔头。

“脱贫摘帽不是终点，而是新生活、新奋斗的起点。”全面小康、乡村振兴，仍需要广大干部群众心连心、手牵手、肩并肩继续努力。

在播州区平正乡团结村，“大发渠”潺潺流淌，通村路蜿蜒逶迤，老百姓精神焕发，好日子正在来临；

在罗甸县沫阳镇麻怀村，产业发展初具规模，基础设施日臻完善，美丽乡村特色凸显，党员群众干劲十足；

在盘州市淤泥乡岩博村，过去“家家住的老土房，出门就是猪粪塘”，现在“农家楼蓝瓦白墙，村里轿车穿梭忙”……

黄沙百战穿金甲，征衣不解再扬鞭。在实现中华民族伟大复兴的征程上，贵州各级党组织和广大党员干部步履坚定，昂首前行。时代的华章，总是在新的奋斗中书写。展望未来，发展的自信、跨越的自信、小康的自信，荡漾在我们的心中。

撰稿：顾海凇　李　坤　李玉红　尹长东
刘　莹　岳　振　付　松　赵勇军

新闻链接

决胜牛栏江

撰稿：刘　莹　刘蓝婴　王维维　周　阳

这风，气势汹汹，四季不断。早春二月卷起漫天尘土，让你灰头土脸睁不开眼。盛夏时节挟带冷凉入侵，掠走庄稼所需热能。年年岁岁，山顶的马尾松被扑打成老态龙钟的“侏儒树”，农民辛勤耕耘只能“种一坡收一锅”。

这雨，春秋不均，无情肆虐。布谷催春它不急，不肯施舍一点一滴，辜负了种子和幼苗的渴盼；夏秋到来像个“虐待狂”，伴随电闪雷鸣倾盆而下，把坡上的土地撕咬得支离破碎。日月更迭，这方山水更加瘦骨嶙峋，百姓在绝境中泪眼迷茫。

这是贵州最西边——云贵交界牛栏江流域的威宁自治县海拉镇。多少年来，我们心中一直铭刻着一组天与地、山与水、人与自然“交恶”的画面。那让人胆寒的挂壁公路，那深壑阻隔的“山中孤岛”，那一根“溜索”连接两山的“江上交通”，那刀耕火种山穷水尽的村寨，那靠“抓阄入学”的教育状况……深深地烙印在记忆深处，成为永久的牵挂。

贵州，在中国传统观念里，是浸染着贫穷苍凉的区域，而贵州之贫又以西部的乌蒙山区为代表。“纳威赫，去不得”——纳雍、威宁、赫章三个县，穷到当地人都喊“去不得”，这“六字民谣”唱出了贵州“穷三角”的千年困境和无奈。云贵交界处、威宁自治县最西边的牛栏江流域海拉镇，则更是蛮荒闭塞的“贫中之贫”地带。

于是，当消灭绝对贫困的战斗打响并进入收官之际，今年5月下旬，像看望阔别已久的老朋友一样，我们闯进这块牵肠挂肚的土地，一切都变得日新月异：高山上，巍巍耸立的大风车飞速旋转吞风吐电；山谷间，油化硬化公路像利剑一样刺破贫穷的大山；大地中，特色产业取代传统作物正在“点土成金”；村寨里，水电路教育等基础设施为小康生活开足马力；那些不宜人居的绝境之地人去屋空，百姓已经搬迁进城“一步跨千年”……这片千年沉寂的土地，已经被现代文明唤醒，被绿色生态梳妆，即将告别绝对贫困，奔向全面小康。

谁持彩练当空舞，书写这幅“撕下贫困标签”的壮丽诗篇？

公路进深山，天堑变通途

越野车从威宁县城出发，越过一个个高原坝子，便钻进了高山深谷交替的牛栏江流域。

我们的目的地是牛栏江腹地的海拉镇。

这是威宁典型喀斯特地貌的深山区。磅礴乌蒙从东向西延伸到这里，隆起了海拔2879.6米的贵州第二高峰平箐梁子后，又迅速被从云南境内钻来的牛栏江切割成大峡谷，最低处海拔为1379米。这三面被牛栏江和支流哈喇河截断，相对高差达1500米、面积222平方公里的地方，威宁人很有想象力地称为“海拉半岛”。

其实这里与“海”和“岛”根本沾不上边，眼前是连峰际天的高山和望不见底的深谷，让人在盘旋的旅途中，充分体会交通建设对于一个地方摆脱贫困的重要作用。

到海拉采访的话题，就从交通建设说起。

思绪穿越到1997年来海拉采访时的画面。那时的砂石公路挂在荒山秃岭上，没有防护栏等安全设施，人在车中惊心动魄。如今路面扩宽并油化，险要处有安全设施和树林护卫，与以前大相径庭。

海拉镇党委副书记、镇长丁润朋介绍，海拉第一条出山公路修建于20世纪80年代末期。但公路等级低，对车损伤大，没有人愿意买车跑客运，公路几乎成了摆设。干部到县里开会，要走四五个小时到黑石头镇去搭班车。偶尔有货车进来，能够搭上顺风车，算是奢侈享受。

要致富，先修路。20世纪90年代中期，海拉很多村仍然不通公路，受够了人背马驮之苦的海拉百姓，在镇党委政府的带领下，齐心协力投工投劳，修起了几条通村公路。“那时的公路只能叫马车路，连过拖拉机都困难，村里的主要交通工具是马车。由于路窄坡陡，脚踩刹车往往控制不住，几年间就发生了3起车翻人亡的事故。”海拉镇文炉村村民施绍柱回忆说。

“海拉镇山阻水隔，修公路的财力和人力投资大，如果没有上级项目倾斜和机械化设备，很难在短暂时间打破交通瓶颈。”丁润朋介绍，2014

年以来，海拉镇通过上级有关帮扶部门穿针引线申请到项目支持，在海拔1900米左右的村落聚居地带修了一条63.5公里的环半山公路，并修建了29条共157公里的连村硬化公路，形成牵藤结瓜式的交通大动脉，海拉人终于享受到“车轮上的幸福”。

“天之道，损有余而补不足。”2016年，贵州省脱贫攻坚“四场硬仗”全面打响，“组组通”项目又为海拉百姓带来了福音。“接到县交通局要求上报资料的时候，我们对全镇18个村的所有村寨进行了勘察，打印了卫星地图进行标注，生怕漏掉一公里。”丁润朋感言，为官一任办事一方，脱贫攻坚让干部们有了大显身手的舞台。

经过3年多的交通大会战，海拉改扩修建了4条连接周边乡镇和云南的主干道；加上新修的78条通村通组路和串户路、老旧道路修缮，目前，海拉镇的硬化公路达到430公里，位居全县第一。

交通改善赢来山乡巨变。如今，海拉镇成了威宁自治县党参中药材交易中心，很多村民把住房建在公路边，购买私家车的人家如雨后春笋。在与云南省隔河相望的江边村，近几年就增添了上百台轿车和几百辆摩托。

山，是制造贫困的盾；路，是刺破贫困的剑。海拉向贫困亮剑，突破山重水复，走向柳暗花明。

水往高处流，解渴不再愁

海拉的贫穷，还因严重缺水。

海拉山高坡陡、沟壑纵横，森林植被少，是乌蒙山区石漠化严重区域。多年来，海拉百姓为解决温饱，通过刀耕火种、广种薄收向山上要粮。开荒开到山尖尖，种地种到天边边，导致林退粮进、生态恶化，失去树木的荒山秃岭更加瘦骨嶙峋，涵养不住水源，导致了百姓吃水贵如油。

海拉过去吃水有多难？沿着新修的硬化公路进村入寨，我们听到了这些往事——

凌晨三点，鸡刚打鸣，红光村的村民们就纷纷出动，赶往村里唯一的水源点，说是水源点，实际上就是个小水井，水一滴滴从石缝里流出来。经过一夜的积存，这时的水最富足，村民们也就抢着舀水。一个小水井哪能满足需求，若是起晚了，排队的人太多的话，得及时“打退堂鼓”，赶快跑到四公里外的东风村去挑水，一家人的早饭就指望着它了。

江边村，这个因地处牛栏江沿岸而得名的村庄，也曾因“望江喝不到水”，男女老少只好踩着石阶下江背水。一天来回四五趟，走的人多了，石头也被磨得光滑。在半山腰歇息时，老百姓总会感叹：“山下江水滚滚流，山上滴水贵如油。”

为了在家门口喝上水，海拉干部群众曾谱写出“引水进家门”的壮歌。在集镇背靠的仙狗山深处，我们看到一条被泥土填满的石渠，这是在20世纪60年代，海明村1000余名村民向山要水的遗迹。一条4公里的石渠修了整整4年，终于有水流到家门口。当年参与修路的年轻小伙，已变成山间放羊的白发老人。

决胜脱贫攻坚的战斗打响，海拉在饮水安全方面写下精彩一笔。

2015年以来，海拉镇共实施了83个农村安全饮水工程。其中，提灌工程占约30%，形成了“水往高处流”的饮水奇观。而在村寨和农户家中，通过修水窖和蓄水池储存生活用水。今年3月，海拉镇成立了农村饮水安全工程运行管理中心，加强对饮水工程运行管理和维护。

走进红光村新发组，茄子、辣椒、西红柿，各式各样的蔬菜长得喜人。这里不仅生活用水无忧，而且水管已经进入了地头，发展产业有了用水保障。五年前因为连旱三年揭不开锅，跑到云南挖矿的烤烟种植大户王文学又在地里忙碌了。“今年又是天干，要是没有水，估计又没收成了。今年这20亩烤烟赚十万元没得问题。”王文学开怀地笑了。

饮水思源。如今，“吃水不再愁”的海拉百姓感恩时代，感恩党中央和各级党委政府。看着群众脸上的笑容，海拉镇的干部们干事的底气更足干劲更大。

饮水护源。如今，经历过吃水难的海拉百姓懂得了树与水的关系，国家的退耕还林政策顺利开展，一处处坡耕地不断变成了经果林。村民们用朴素的爱树护林自觉行动，守护着“人的命脉在田，田的命脉在水，水的命脉在山，山的命脉在树”的生存理念。

治穷先治愚，教育斩穷根

扶贫先扶志，治穷先治愚。

决胜牛栏江，发展教育方能断穷根。

我们驱车来到了海拉镇红辉小学，在二年级二班的数学课上，56岁的老教师邹元成正在智能黑板上播放PPT，为学生们讲解数学题。美术室里，一幅幅素描、水彩画跃然纸上；在棋艺活动室里，孩子们棋盘对弈一较高下……丰富多彩的校园生活成了农村孩子的“欢乐港湾”。

镜头闪回二十年前。

你听说过“抓阄入学”的事情吗？1996年，一篇《威宁海拉乡孩子靠“抓阄”上学》的报道，被全国20多家媒体转载。多年过去了，那一双双渴盼知识的眼神，仍会不时浮现在脑海中。

与在海拉教书36年的邹元成交谈中得知，他就是抓阄入学中的丢阄者。

为什么要抓阄？邹元成回忆称，当时学校少，桌椅少，老师也少，孩子又多，只能实行“差额上学”通过抓阄方式碰运气。

怎么个抓阄法？开学之前，适龄入学孩子家长齐聚操场，邹元成站在二楼将准备好的纸团向家长们抛，抢到纸团上边有“1”的就能入学，否则第二年继续抓，每次带“1”的纸团不到一半。

1985年出生的海拉镇副镇长刘雄学也是抓阄上学的亲历者。“我7岁那年抓了个白条，第二年还是没抓着。但实在是太想读书了，我就自家背着小桌子进教室，当教师的叔叔不好把我赶出来。”刘雄学说，一边是孩子到入学年龄不能入学，一边是就读的孩子自动辍学。“我读初一的时候全班有90多个人，读到初三毕业只剩17个了。”

“再穷不能穷教育，再苦不能苦孩子。”从20世纪90年代开始，海拉镇的教育就受到各级各方人士关心支持。2016年，为通过教育扶贫彻底斩断穷根，海拉镇成立了教育工作委员会，还特别成立了校园整治、教育教学质量提升、师风师德建设等工作专班，出台了一个教育助推脱贫攻坚五年计划。同时，每年教师节前后，召开全镇的教育工作会，表彰优秀教师和优秀学生代表，营造尊师重教的氛围。

海拉教育带来蝶变，国家特岗教师政策实施的作用明显。威宁是全国特岗教师最多的县，海拉是被优先考虑的乡镇。这里的特岗教师来自全国各地，临近的云南省会泽县占了一半。

如何激发特岗教师爱岗敬业的内生动力？威宁自治县出台了公开遴选乡村教师进城的政策，特岗教师在乡村学校教书三年转正后，可以参加县城学校的遴选。人往高处走，但打铁要靠自身硬，当地干部介绍，海拉这些年遴选进入县城学校的教师最多，原因就在于教师们爱岗敬业、本领过硬。

春风暖乌蒙，山花更芬芳。

“2011年，一家公司捐了10万元给海拉镇，专门用于奖励当年考取的大学生，但把大专的都统计进去才有19个人，有钱都奖励不出去。现在大学生每年要考取200多人，钱都不够发。以前海拉中学在全县中学排名都是后三位，现在处于中上水平了。”分管教育的领导介绍。

往事让人心酸，现实让人感动。在海拉采访，当你看到每个村校都为边远孩子配有宿舍楼，琅琅书声在大山深处响起时；当你听到乡镇干部说无论经费有多紧张，还是要优先考虑教育时；当你听到山村孩子从上学艰难到搬迁进城享受优质教育资源的故事时，你会深刻感受到，斩断贫困代际传递的教育扶贫，正在为海拉奔向小康奏响时代强音。

告别“溜索寨”，一步跨千年

翻开《威宁县志》，有这样的记载：“牛栏江，古涂水，源于云南寻甸……此江水量最大，两山紧束，水流激疾，不利行舟。除支流外，江流始无一居人。”

实际上，牛栏江的干流上，也有为数不多的村庄。大概因为过去进入条件差，不为外人所知，这些村庄“躲过”了修志者的眼睛。

我们采访的花果村大石头组，便是隐藏在大山深处的“溜索村庄”。

危岩耸立下，逼仄岩缝间，20多幢民房拥挤在一起。房子是石墙或泥巴墙，院坝是石坎，寨子周边包围着大石头，“大石头组”名副其实。

寨子前面，大江之上，一条钢绳连接两岸。

正好赶上有最后一拨搬迁的人家运输物资。对面，一名中年妇女用皮带把身体和物资“套牢”，吊在钢绳上。这边，一个男人拉动滑轮，这名妇女熟练地过江。当地干部介绍，这就叫“过溜”，必须万无一失，否则后果不堪设想。

思绪进入远古传说——

“儿呀，呕嘿嘿！”一位母亲，背篓里背着孩子过河，行到江心，孩子从背篓里掉下，被江水冲走，母亲撕心裂肺哭喊。

哭声响彻山谷，飘荡了千百年，浸泡着百姓眼泪。

这是群众为了节省脚程、铤而走险的出山捷径啊！如果另走蹊径，只能沿着寨子后面忽隐忽现的山路盘旋而上，得绕上好几个小时。

海拉镇干部介绍，全镇有5处溜索村庄，10多个村民组。目前随着群众全部搬离，5处溜索仅留下这一条，因是个人修建，还没有撤除。

溜索村庄是海拉镇“不宜人居之地”的生存写照。对于这类穷山恶水之地，贵州省通过易地扶贫搬迁措施，将百姓搬迁进入城镇，让全面小康“一步到位”。

这是一场必须打赢的硬仗。花果村村委副主任刘述参介绍，老人们在大石头组住了一辈子，认为“金窝银窝不如自己的草窝”，舍不得离开。有的群众担心到了城里挣不了钱，生活成问题。

面对如此生存绝境，为了动员群众搬迁，扶贫干部们只好壮着胆子“过溜”，与百姓面对面交谈。

“县里10多个部门成立了一个60多人的搬迁动员工作组，为了保证安全，大家主要靠白天‘过溜’进寨动员，还带学生到县城看学校，带家长看务工基地……”镇干部说，走进家家户户，说尽千言万语，目的就是要让贫困百姓远离深山。

如今，海拉镇搬迁人数达5000多人，为全县最多，当地干部群众开心地说，这是“从糠箩跳进米箩”。

镜头转换到威宁县城——

错落有致的新居，干净整洁的院落，设施齐全的广场，平坦宽阔的道路……这是威宁城郊五里岗搬迁安置点给人的印象。“刚开始搬出来时大家还有点不习惯。现在，就业有门路，孩子读书方便，如果再搬回去，真不敢住老家的房子了。”在宽敞明亮的新家，搬迁户刘仕兵感慨。

“以前来县城看病，要走3个多小时山路到镇里，再从镇里坐4个多小时的车到县城，路上不停地颠簸，虚弱的身体经受不住折腾。”搬迁户祝陶正说，现在小病在家门口卫生院就医，大病只需坐车十多分钟就能到县医院。

从“穷守深山”的溜索绝境，到“拎包入住”的县城新居；从“饥寒无人知”的深山老林，到“冷暖有人管”的城市空间，海拉易地搬迁群众实现了“一步跨千年”，这也是贵州省近两百万移民“大迁徙”的生动写照。

找好特色路，土中生黄金

在海拉采访期间，我们一直在思考着一堆“奇怪”的名字：海昌、海元、海明、海多、花果、平原、火箭……这些村名与山毫不相干，而海拉全镇却是与大山密切相关，不仅无“海”，还缺水。当地干部说，按照五行相生的原则，缺什么就补什么。在无力改变贫困面貌的年代，用改名“画饼充饥”，新地名取代老地名，表达了百姓追求美好生活的愿望。

海拉原叫“大鸦”，撤区并乡时，换了名字。穷则思变，海拉人许多“名不副实”的新地名取代了那些难听的老地名。

海拉地势高寒，被威宁人称为“小西藏”。镇政府所在地海拔2560米，是贵州最高的基层政府。尽管这一带水冷山寒，但远胜于牛栏江、哈喇河深谷地带的生存环境，成为海拉人口集中居住的区域。这一区域过去依靠传统方式种植低效作物，百姓温饱难继。

产业扶贫，是决胜脱贫攻坚的根本之策。海拉决胜贫困，打出了结构调整“组合拳”。以环半山公路为界，海拉镇进行了产业规划，高海拔地区以中药材为主，如党参、半夏、魔芋，中间一带以烤烟种植为主，环山以下种植经果林，如花椒、软籽石榴、黄梨，25度以上的坡耕地基本退耕还林。

“我们这里是西南地区最大的党参交易市场，‘海拉黄党参’被称为党参之王，已经成为粤港澳大湾区和东南亚国家的抢手货。”海拉镇干部们特别津津乐道党参产业。

“海拉黄党参”的发展，要从一位名叫管仕七的能人说起。他是土生土长的海拉人，2011年开始党参种植，通过两三年的技术打磨，他种出了好党参——根条长、毛根少、皮紧密、体坚实。酒香也怕巷子深，他主动去广东跑市场找订单，海拉党参成了商家的“抢手货”。

近几年，海拉镇党委政府紧紧把握资源优势，引导群众大力发展党参产业。去年，全镇共种植14960亩党参，产值约1.2亿元，带动2961户贫困群众实现户均增收7500元。

小康不小康，关键看老乡。我们来到村民邹树保家门前，一张又黑又瘦的脸从屋里钻出来，乐呵呵地招呼我们进屋坐。掀开门帘，着实让人眼前一亮。整个客厅通亮，墙壁贴满明星和山水风光照，天花板上吊了十几个红彤彤的大灯笼，孩子的玩具也占据了客厅的“半壁江山”。

老邹介绍：“这是孩子们布置的。”谈及“党参之缘”，老邹低下头笑了笑，开始“忆苦思甜”。他是村里最早种植党参的村民之一，但苦于销路不畅，挣不了钱，只好外出打工。2013年，“海拉黄党参”的品牌打得很响，他又返乡重操旧业。如今，邹树保把21岁在外打工的儿子叫了回来，一起种植党参。

2020年，海拉镇通过调整产业结构，实现了党参种植2万余亩，青花椒种植5000亩，马铃薯2万亩，烤烟2500亩，确保户户均有脱贫产业。

啃下“硬骨头”，战贫显担当

这是一个拒绝平庸的年代，这是一份任重道远的使命。决战牛栏江，攻克海拉镇，意味着涅槃，意味着更加壮美的重生。在这场消灭绝对贫困的战斗中，尽管没有刀光剑影，但在绝境突围，所付出的努力更大，既靠国家政策的倾斜支持，也要靠扶贫干部、基层干部们的责任担当。

俗话说，十年磨一剑。对于海拉镇副镇长孔德亚来说，十年来在海拉决战贫困的青春脚步，谱写的是一首排除困难、砥砺奋进的感人壮歌。

孔德亚出生在牛栏江流域的哲觉镇，而海拉的生存环境比哲觉还要艰苦。“海拉风大灰尘多，下队回来弄得一身灰，刚来海拉时很缺水，镇里没有配备淋浴，要搞到一盆水擦洗身上不容易。偶尔回威宁县城，最享受的事就是洗个热水澡。”

因为交通落后，孔德亚吃过不少苦头。

“海拉交通条件本来就差，这些年大修公路期间更不能保证通畅。进城开会要凌晨两三点钟就爬起来赶路，112公里的车程，最快也要4个多小时，开会迟到是常事，最长的一次是坐了8个小时的车。”

“进城难，进村更难。有一次到村民组开展工作，当时正在修路，没跨过坎，把右脚摔得粉碎性骨折，至今还未完全康复。还有一次去花果村规划产业，下坡时自动挡的私家车突然没电，进不了挡，手刹也不起作用，只好把车开进泥地里。”

最让孔德亚揪心的，是对家庭的愧疚。2018年妻子临产，他从海拉赶到县城医院，孩子已经出生；2019年夏天孩子生病住院，他带着电脑赶到县城医院，一边陪护孩子一边干工作……“说句心里话，我也希望能在离家近条件好的地方工作。不过话又说回来，决战脱贫攻坚是一场艰苦战斗，所有党员和干部都责无旁贷，你不担当谁担当？”孔德亚说。

脱贫攻坚重任在肩，巾帼同样不让须眉。

在海拉镇政府，我们遇到一位说话干脆利落的女性，孔德亚介绍说：“她是镇里的女强人。”

她叫赵敏，既是海拉镇扶贫工作站负责人，又是平原村党支部书记。“两头都要顾好”是赵敏经常说的话，“两头都干得好”是赵敏兑现的承诺。扶贫工作站多次被评为“先进单位”，平原村多次被评为“先进集体”，她也成了平原村老百姓联名提议“不准走”的好支书。

众志成城战贫困，同心同苦奔小康。在海拉决胜脱贫攻坚的战场上，也留下了下派扶贫干部们深深的脚印。

“2019年9月29日，威宁自治县高原管理区下派的一个下沉干部陶泽红，他在群众搬迁结束后，回去拍老房子照片。返程过溜索时没有把腰系稳，过一半多的时候在溜索上‘倒挂金钩’，我们赶紧把他拉回来，最后还是跌落下去，腰椎骨折。他回县城住院休息6个月后，又回来上班了。”在大石头组采访时，刘述参讲了这个故事。

这是一条“啃下硬骨头”的突围路，这是一场输不起的攻坚战，有荣耀也有心酸，有寂寞也有温情，有碰撞也有感恩……然而，故事从未停歇，每天都是起点。在贵州最西边的乌蒙大山深处，海拉镇这群可亲可敬的基层干部和扶贫工作者，践行着脱贫攻坚的责任使命，负载着牛栏江沿岸几代人的希望，在国家政策的春风春雨中逐梦前行，一如山顶上坚定地护卫着大地的马尾松。

（原载《光明日报》2020年8月28日）

第二章

贵州战法

破解交通瓶颈：10万里“组组通”连户连心

一路通，百业兴。

贵州着力破解交通瓶颈制约，在实现县县通高速、所有行政村通公路的基础上，用两年多时间建成7.87万公里“组组通”硬化路，惠及1200万农村群众，打通了贫困地区脱贫致富“最后一公里”！

曾经，有人用“小康千万条、修路第一条，道路不通畅、群众两行泪”说出贵州“路难行”。

以“交通进村入户、助推精准脱贫”为统揽，贵州纵横交错的农村路在大地铺展。群众说：这是幸福路、连心路、致富路。干部说：每一条路都是一座乡村振兴的桥梁，是走向小康生活的“最先一公里”。

“组组通”撑起好日子，好政策暖进心窝窝

安顺市普定县焦家村，一茬茬韭黄长势喜人。热火朝天的务工队伍，四通八达的机耕道，一派生机勃勃的景象。村支书张振刚回忆：“2018年1月，穿过园区的通组路开始建设，3月起焦家村开始种植韭黄，迅速达到

了万亩规模。”

有了家门口的产业，就有了家门口的就业。如今，当地老百姓把通组路称作“韭黄产业大道”。当地韭黄不仅种得好，还敲开了广东、浙江、上海等地市场，成了最“火”的产业。

农村要发展，交通必先行。作为全国脱贫攻坚主战场，2017年8月，贵州在全国率先吹响全面启动农村“组组通”公路三年大决战的号角，计划三年内实现全省30户以上村民组100%通硬化路的目标，全力破解交通瓶颈制约农村发展的难题。

截至2019年4月，仅用20个月的时间，全省完成“组组通”7.87万公里路面建设任务，完成投资459.12亿元，全省3.99万个30户以上村民组通畅率从2017年6月的68.9%提高至100%，真正打通了群众出行和发展的“最后一公里”。

硬化的通村通组路一头连着乡村、一头连着产业，在方便村民出行的同时，也为乡村发展注入新动能。

遵义市务川自治县蕉坝镇乐居村的李子成熟后，驾车前去购买的人络绎不绝。村民杨明富笑容满面地说：“以前路不好，就算果子丰收心头都没底，现在上门来买的人多得很。”

当地干部介绍，新修的通组公路延伸到每个村寨，改善了农业生产条件，加快了农村产业结构调整，促进了农特产品“出山”和“泉涌”发展。

产业发展有奔头，美丽乡村有看头

漫步威宁自治县龙场镇的可渡河畔，游客悠闲地在观光道上欣赏风景。“有了沿河观光道，我们的产业更有活力，我们的山水更显魅力！”说起这条观光道，村民喜不自胜。

这条全长9.6公里的沿河观光道，串起可渡河水流淌过的多个村落。目前，已形成以可渡河畔水果基地为中心的农业产业带，吸引不少游客前去摘果观光，发展有了新天地。

一条道，激活乡村生态观光旅游，引领了农业产业蜕变，激发了发展新活力。

在全省，“组组通”建设沿线有1200万群众受益，建档立卡贫困人口达183万人，带动农业产业发展500余万亩，乡村旅游村寨突破3000个，新增农用车等38万余辆。“组组通”硬化路已成为老百姓获得感最强、满意度最高的民生项目，成为凝聚党心和民心的桥梁。

兴义市乌沙镇磨舍村是一个贫困村，典型的喀斯特地貌，山高路陡，沟壑纵横。村民感叹：收成靠天，出行靠腿。

超过5公里的“组组通”公路建成投用后，村子迎来发展新机遇，村民开始养殖黑山羊。村民期盼的产业兴旺、家乡富美逐渐变成现实。

“组组通”引领百姓奔小康。干部群众说：通组路是希望之路、幸福之路，更是凝聚志气之路。

日子越过越火，干劲越来越足

“电子商务进了村。”在息烽县，公路让沿线乡村的蔬菜、水果、腊肉、辣子鸡等产品，通过206家电商企业实现了“线上订单，线下送货”。这些农特产品以通组公路等为运输载体实现黔货出山。

近年来，贵州运用大数据助推黔货出山，大力推动电子商务云和交通云的融合发展。交通和电商碰撞出火花，实现“网货下乡、农产品进城”双向流通。

谈及“组组通”，省交通厅有关负责人说：“贵州交通重点建设‘特色致富路’，推进‘交通+旅游’‘交通+电商’‘交通+特色产业’等扶贫新模式，充分发挥交通基础设施在农村地区产业规划布局、乡村旅游发展、村容村貌改善等方面的引领和推动作用，助力黔货出山，让贵州农村更强、农民更富、乡村更美。”

从“通不了”到“通得了”“通得好”，一条条通组路，奠定了脱贫攻坚的基石，推动了乡村振兴的进程。贵州高原上，百姓富、生态美的美丽画卷在村村寨寨延伸铺展。

撰稿：王淑宣　刘小明

评　论

把短板变成幸福潜力板

“在一些贫困地区，改一条溜索、修一段公路就能给群众打开一扇脱贫致富的大门。”

全面建成小康社会，最艰巨最繁重的任务在农村，最突出的短板在贫困地区，交通运输在脱贫攻坚中具有基础性和先导性作用。把农村公路建好、管好、护好、运营好，为广大农民脱贫致富奔小康、为加快推进农业农村现代化提供更好保障，是民生工程、民心工程和德政工程。

以习近平总书记的重要指示为遵循，贵州强化顶层设计、加强组织保障、加大资金投入、精准定向施策，发起农村“组组通”公路三年大决战，着力破解交通瓶颈制约，以敢让高山低头、敢让河水让路的大无畏精神，全力攻坚拔寨，啃下了一个个“硬骨头”，在实现县县通高速、所有行政村通公路的基础上，用两年多时间建成7.87万公里“组组通”硬化路，惠及1200万农村群众。

“组组通”打通了贫困地区脱贫致富“最后一公里”。“交通+产业”把贵州贫困地区与全国大市场紧紧连在一起，黔货出山物流通畅，有效盘活了贫困地区的资源；“交通+旅游”让贵州特色旅游“串珠成链”，让美丽风光成为美丽经济，美丽乡村成为山地公园省多彩贵州风的底色；“交通+就业”让农村广大群众就业创业有方，不少打工者重返家乡，办起农家乐、建立合作社，日子越过越有盼头……下好精准扶贫精准脱贫交通“先手棋”，贵州农村交通“短板”变幸福“潜力板”，一个日臻完善的“外通内联、通村畅乡、班车到村、安全便捷”的贵州农村交通运输网络，让脱贫攻坚有了重要保障，乡村振兴有了坚实基础。

修一条路，成一片景，富一方人。一条条脱贫攻坚路、乡村振兴路玉带铺展，筑起贵州打赢脱贫攻坚战、走向全面小康的康庄大道。

撰稿：顾海凇

易地扶贫搬迁：192万人跨过千山换个活法

山高谷深、沟壑纵横……千百年来，山石的切割，蛮横地雕刻着“一方水土养不起一方人”的贫困面貌。挪出穷窝，告别深山，是贵州困居于大山深处贫困群众的深切渴望。

贵州认真贯彻党中央、国务院的部署要求，在国家有关部委的大力支持下，牢记嘱托、感恩奋进，从省情实际出发探索了“六个坚持”的做法，着力做好易地扶贫搬迁“前半篇文章”，通过后续扶持工作“五个体系”，扎实做好易地扶贫搬迁“后半篇文章”，“一步跨千年”闯出了一条独具特色的易地扶贫搬迁路子！

“十三五”以来，贵州坚持高位谋划，高强度推进，举全省之力，于2019年12月全面完成“十三五”时期易地扶贫搬迁任务，全省累计实施搬迁192万人，其中建档立卡贫困人口154.39万人，建成安置点946个。

“六个坚持”安心无忧有希望

192万！相当于冰岛全国总人口的5倍多。搬迁规模如此之大，搬迁人口如此之多，怎样解决钱从哪里来、搬到哪里去、搬后怎么办等问题？贵州以“六个坚持”贯穿始终，走出了一条易地扶贫搬迁的新路。

坚持省级统贷统还。贫困户搬迁，首先遇到的难题是资金。为此贵州成立省扶贫开发投资有限责任公司“统贷统还”全省易地扶贫搬迁资金，省级政府全额提供“子弹”，地方政府集中精力抓搬迁，并明确搬迁贫困群众自筹人均不超过2000元，切实解决基层政府和搬迁群众负担。

坚持让贫困户不因搬迁而负债。为了帮助贫困户顺利“挪穷窝”，贵州实施了差别化补助和奖励政策：建档立卡贫困人口人均住房补助2万元，同步搬迁人口人均住房补助1.2万元；签订旧房拆除协议并按期拆除的，人均奖励1.5万元。

“自己几乎没花钱，就住上了120平方米的新房。”安龙县洒雨镇竜金村贫困户穆天学乐得合不拢嘴。

落实了搬迁谁，搬到哪里去，是易地扶贫搬迁接踵而至的问题。

坚持贫困自然村寨整体搬迁为主。瞄准“一方水土养不起一方人”区域，界定迁出地区域条件和搬迁家庭个体条件，设置11个识别登记程序，以50户以下、贫困发生率50%（深度贫困地区贫困发生率20%）以上的自然村寨整体搬迁为重点。通过全面排查，摸清整体搬迁贫困自然村寨10 090个。

坚持城镇化集中安置。结合贵州人多地少省情，坚持以经济要素集聚功能强、创业就业机会多、人口承载容量大的市（州）政府所在城市和县城为主进行城镇化集中安置。

城镇化集中安置成为贵州的实践探索和模式创新。“政府给我们修的房子又宽敞又好看，环境又好，交通也方便，离医院和学校都非常近，各方面都比农村好。”看着全家人的生活焕然一新，铜仁市万山旺家社区张华清既高兴又感激。

坚持以县为单位集中建设。从2017年起，贵州所有项目全部由县级政府作为工程实施主体，采取统规统建，保障工程进度，以避免过去安置项目由乡镇实施，点多面广分散、制约资源集约化配置，以及因工作经验和技术力量不足带来的工程风险。

“搬出来，我们靠什么吃饭？”面对多数搬迁户的顾虑，贵州坚持以产定搬、以岗定搬。精准落实“一户一人以上就业”目标，精准扶持困难就业人群增收。城镇化安置区就业的难点主要是留守妇女和老年人的就业问题。为此建立了三项保障机制：劳动力全员培训机制、劳动密集型企业引进机制和产业配套机制。

随着各地易地扶贫搬迁工作的深入进行，贫困户们陆续搬离了故土，搬到了城镇。但搬出来后，没有了一亩三分地，他们要靠什么生活？如何才能让他们在新家稳稳地住下来？

“五个体系”乐业安居心踏实

每天早晨，望谟县平郎社区居民梁富道吃过早餐，就前往附近的皮具手袋扶贫工厂工作。在皮具手袋扶贫工厂里，100多名员工正紧张忙碌地工作着。

“搬迁前因收入问题而犹豫不决。现在好了，搬了新家有了工作，生活跟以前相比是越过越好了。”梁富道笑着说，每个月能拿到2000元左右的工资，还能照顾家中老小，这是以前不敢想的。

梁富道是贵州上百万搬迁群众中的一员。2019年底，贵州完成192万人易地扶贫搬迁。然而，搬迁只是手段，脱贫才是目的。完成搬迁后，贵州把工作重心迅速从解决好“怎么搬”向“搬后怎么办”转变，从“以搬为主”向“后续扶持和社会管理”转变。

如果说192万人“搬得出”，是贵州“滴水穿石”的勇气和决心，那么让这192万人“稳得住，逐步能致富”，更考验“绣花功夫”的精细和智慧。

在实践过程中，旨在解决移民后续扶持问题的“五个体系”应运而生，即“基本公共服务体系”“培训和就业服务体系”“文化服务体系”“社区治理体系”“基层党建体系”，确保“搬得出”向“稳得住、逐步能致富”转变。

为满足白午易地扶贫搬迁安置点及滨江大道沿线居民的出行需求，2020年4月，凯里市开通29路公交车，极大地解决了白午清平易地扶贫搬迁安置点移民搬迁群众的公共交通出行问题。

不断完善的社区服务，让搬迁群众很满意。“以前去市区买东西不方便，现在29路公交车开通了，在家门口就能坐车到市区。”搬迁群众马德琴说。

如今，831个集中安置区开通了多彩贵州“广电云”信号，覆盖率98.69%；搬迁劳动力家庭一户一人以上就业率达100%，有劳动力家庭

40.55万户共96.56万人，综合就业率91.13%；全省842个集中安置区，已实现社区服务功能100%覆盖……

“挂牌督战”蹄疾奋进固基石

民之所盼，政之所向。在后续扶持“五个体系”不断推进的同时，2020年，贵州易地扶贫搬迁工作的步伐不停，深入安置点挂牌督战“查缺补漏”。

聚焦群众教育、医疗问题。2020年1月，贵州省印发《关于开展全省易地扶贫搬迁安置点配套教育项目核查工作的紧急通知》，对纳入挂牌督战的135个安置点配套教育项目进行逐一核查，形成《关于全省易地扶贫搬迁安置区教育配套项目核查情况报告》，明确全省96个挂牌督战教育配套建设项目和7个挂牌督战配套医疗建设项目。

贵州先后制定印发《贵州省挂牌督战易地扶贫搬迁实施方案》《贵州省片区督战易地扶贫搬迁工作方案》和《关于进一步加强“9+3”重点县挂牌督战易地扶贫搬迁的通知》，划分“9+3”重点县、教育医疗项目和易地扶贫搬迁重点工作三个层次，明确对象核实、真搬实住、教育医疗配套建设、“五个体系”完善、配套基础设施、拆旧复垦、项目资金结算复核、问题整改等8个方面重点督战内容，形成“划片督导、分区作战、专人包保”的督战模式和上下贯通、指挥灵活、工作高效的督战体系。

走进望谟县实验高中校园，一栋栋白粉墙、小青瓦、坡面顶的教学楼格外显眼。每个教室都实现网络教学，多媒体、空调等软硬件设施全部配齐。

学校紧邻高车、平郎两个易地扶贫搬迁社区。为保证教学质量，让搬迁学生安心就学，望谟县实验高中还建成了录播室，既可直播、录播教学，又能跟宁波的学校搭建双师课堂，提高教学质量。

另一边，走进赤水市天台镇易地扶贫安置点天苑新城卫生院，这里设置有门诊综合服务、全科综合住院、特色中医（馆）综合服务、妇幼健康计划生育技术服务和公共卫生服务等科室，配备DR、彩色B超、全自动生化分析仪等先进设备。

为了让搬迁群众在安置点找到家的归属感，天台镇不断做细做实“服务”和“需求”两张清单，大力破解就医难题。

征程万里风正劲，重任千钧再奋蹄。截至2020年8月，全省易地扶贫搬迁挂牌督战7个医疗配建项目全部建成投用、96个教育配建项目全部完工通过省级检查。

撰稿：赵勇军　刘　悦

评　论

一步跨千年的壮阔迁徙

“易地扶贫搬迁不仅要改善人居条件，更要实现可持续发展。”

贵州通过“六个坚持”把居住在环境条件恶劣的贫困群众搬迁到城镇，又探索创造出“五个体系”护航搬迁群众搬得出、稳得住、逐步能致富，推动人口、资源等要素重组重构，促进全省城乡格局、生产力布局发生深刻变化，为城乡可持续发展注入了强劲推动力。

192万人的壮阔大迁徙，实现了一步跨千年的命运巨变。坚持城镇化集中安置让贫困群众一步从农民转身为城镇市民，构建基本公共服务体系让贫困群众一步享受到城镇的公共服务体系，为贫困群众稳定脱贫实现可持续发展提供广阔空间和坚实保障。

192万贫困农民群众的壮阔大迁徙，生产资料和社会关系都发生深层次的重组变革。搬离深山区、石山区不是完全抛弃那方水土，而是要盘活承包地、山林地、宅基地“三块地”资源，在减轻环境压力、推进生态修复中把产业做大做强。大规模农民搬进城镇，为城镇和工业园区发展劳动密集型产业和服务业提供人力资源保障，为提升城镇消费能力、扩大城市内需注入新动力，推动城镇化建设的加快发展。

全省易地扶贫搬迁户中，家家都挂着搬迁前后新旧房子的对比照片，生活环境的巨变催生出牢记嘱托、感恩奋进的强烈情感。在奔向全面小康的可持续发展路上，随着时间不断沉淀，搬迁群众命运变化的故事会更加丰富多彩，城乡格局、城镇格局、农村格局和产业格局的变化也会更加深刻。

撰稿：伍少安

农村产业革命：从“懒苞谷”到“八要素”

崇山峻岭峰峦叠嶂，农耕大坝星罗其间。千百年来，贵州人曾无数次试图唤醒脚下这片土地的活力，开发山区农业的潜力。

“十三五”以来，贵州深入贯彻落实习近平总书记重要指示批示精神，立足资源禀赋、气候条件、产业基础和市场需求等，因地制宜发展壮大12个农业特色优势产业。通过“来一场振兴农村经济的深刻的产业革命”，牢牢把握“八要素”，践行“五步工作法”，围绕“五个三”，强力推进农业产业结构调整，深化农业供给侧结构性改革，汇聚起强农兴农的磅礴力量，推动农业农村经济加快实现“六个转变”。

2020年上半年，全省实现农业总产值1047.76亿元，比上年同期增长5.4%；农村常住居民人均可支配收入4901元，名义增长7.1%。贵州农业“压舱石”更加沉稳有力，贵州农村正在因农村产业革命而发生历史性深刻变化，呈现出农业发展、农村繁荣、农民增收的良好态势，农业“产业景”绚丽绽放。

为了在脱贫攻坚战的大考中深入推进农村产业革命，省委多次召开专题会议，研究安排12个农业特色优势产业发展的工作措施，12位省领导高质量领衔推进12个农业特色优势产业，强力推进了特色优势产业发展壮大。目前，贵州茶叶产量全国第一，辣椒“产加销”全国第一，食用菌产业跻身全国第一梯队省份，蓝莓、李子、猕猴桃、火龙果、中药材等居全国前列。

种得好，卖得好。2020年，全省建设400个以上配有信息自动采集设备的农产品产地仓储保险冷链设施，为贵州的绿色优质农产品走出大山风行天下提供有力支撑。通过现代化冷链物流等手段，普定韭黄远销东南亚、纳雍红樱桃卖到北上广、遵义鲜竹笋直达苏浙沪、威宁“三白”挂上互联网。

产得出，卖得广。2020年上半年，全省在京津冀、长三角、粤港澳大湾区重点城市和对口帮扶城市累计建成138个贵州绿色农产品省外分销中心。六盘水、毕节等6个城市纳入粤港澳大湾区“菜篮子”二级供应中心，省内57个农产品生产主体获得粤港澳大湾区“直供基地”认证。全省“宣传促销费”活动全面展开，12个特色产业公益广告品陆续在央视、东部对口帮扶城市省级媒体播放。2020年5月，贵州茶销售额同比增长70%；6月，食用菌销售额同比增长65%……

卖得多，收益高。通过精深加工延伸农产品产业链，2020年上半年，全省规上农产品加工业产销率达94.4%，农产品加工业增加值增速5.4%。一颗颗刺梨果摇身一变刺柠吉，一个个小辣椒加工变成瓶装辣酱，一篮篮百香果变成了甜果脯。田间地头的耕地者变成了现代农民，在农业和工业间自如转换，依托“龙头企业+合作社+农户”等组织形式，全省12个特色优势产业预计2020年临时用工总数将达10.3亿个，折算累计200天以上用工岗位515.7万个，把村民尤其是贫困村民吸纳到产业链上，贵州农业正打破传统方式稳村民就业，促村民增收。

收益高，百姓笑。现代化的组织方式正调动多种力量为乡村发展赋能。通过龙头企业带动、村社合一、村企合一、返乡能人带动、党组织引领等形式，“共同体”在产业发展中大显身手：

通过“一村一公司”组织形式，普定县韭黄产业大发展与农户致富小目标紧紧结合；

思南县青杠坝村“两委”成员牵头成立合作社，将群众组织起来发展产业，由穷村变为经济强村，集体经济收入突破600万元；

盘州市岩博村充分发挥村级党组织领导作用，联合村民共同创办合作社和集体企业，2018年人均收入就超过了2.2万元、村级集体资产9200万元……

据国家统计局发布2020年夏粮产量数据显示，贵州夏粮面积1324.8万亩，较上年增6.9%；产量251.7万吨，较上年增7.6%；农业投资比上年同期增长4.2%；全省12个农业特色优势产业经营主体25 845家、农民合作社70 313户；刺梨新增种植面积24.6万亩，全省刺梨种植面积达200万亩；水果产业产量126.9万吨，同比增长30.8%；蔬菜产量1418.1万吨，同比增长10.6%；生猪生产恢复势头持续向好，截至8月底，全省生猪存栏1521.92万头、能繁母猪存栏149.96万头、累计出栏生猪1304.67万头，分别占全年目标任务数96.63%、107.88%、72.48%……

让农业成为有奔头的产业、让农民成为有吸引力的职业、让农村成为安居乐业的美丽家园，贵州一直在探索、在实践。

撰稿：邓钺洁

评　论

田野变奏薄土生金

全面建成小康社会，推进乡村全面振兴，关键在发展农村产业。2018年初，贵州提出“来一场振兴农村经济的深刻的产业革命”，以调减低效玉米为具体抓手，以“八要素”破题，小切口、大力度推进农村产业革命，推动思想观念、发展方式、工作作风革命性转变，取得积极成效，田野变奏，薄土生金。

回望贵州农村产业革命历程，贵州在实践中孕育出“五步工作法”“八要素”“五个三”“12个农业特色优势产业”等工作方法和抓手，具体深入、招招制胜，解决了“头上有想法手中没办法”等问题，成效立竿见影。广大干部群众对推进这场革命的思想认识高度一致、高度统一，大家越干越想干，越干越能干，农村产业革命不断取得突破，腰包鼓起来的农民再也不愿回到过去守着“懒苞谷”的日子。

只要方向对了，就不怕路远。农村产业革命正在深刻改变贵州农村、农业和农民，激活了农村发展的一池春水，从传统农业到现代农业，实现“六个转变”，未来可期。向着规模更大、结构更优、品质更好、价值更高的产业目标，需要我们坚持问题导向目标导向结果导向，对照“八要素”找差距、补短板、强弱项，进一步延伸产业链，实现一二三产融合发展，从“纵”“深”两个维度推进农村产业革命取得更大成效。

正如许多基层干部所言：“农村产业革命好，农民不搞富不了；要想群众真脱贫，不搞产业可不行。”让我们扛起责任、解题破题，坚定不移把农村产业革命进行到底，把沉寂的土地变成希望的田野，让广大农民收获更多的幸福。

撰稿：许邵庭

补短板、强弱项：民生温度暖进心窝

民生为本，贵州温度。

放眼黔贵大地，一幕幕暖透心窝的民生画卷正次第铺展：

安顺市西秀区启新学校里传来琅琅读书声，易地扶贫搬迁孩子们坐在亮堂的教室里认真地听课；

榕江县古州镇料里村建档立卡贫困户潘仁红的孩子身患血友病，通过“三重医疗保障”得到有效治疗；

开阳县冯三镇安坪村村民林明学住进改造后的新居，脸上挂满笑容；

……

民生连着民心。贵州始终坚持脱贫标准，聚焦教育、医疗、住房和饮水安全“3+1”保障工作，查缺补漏、巩固提升，确保高质量、打好收官战。

凝心聚力补短板

在册亨县坡妹镇中心卫生院，一场基于贵州省远程医疗系统的远程会诊，将患者黄发平和县城的册亨县人民医院联系起来。

56岁的黄发平是坡妹镇纳塘村松林组人，7个月前，他不慎从摩托车上摔下，头部腿部不同程度受伤。在一次复诊中，X光片显示，黄发平的病情有变化，卫生院向县医院发起了远程会诊。

通过远程会诊，县医院骨外科专家发现，黄发平髋关节骨折处的坏死迹象呈现发展趋势，建议他做髋关节置换手术。

“不用跑远路就能享受专家就诊服务，现在看病很方便。”黄发平说，接下来他会好好配合治疗。

补短板、强弱项，贵州始终把人民放在心中最高位置，一件实事接着一件实事办，确保脱贫攻坚成色十足。

从“上学难”到“上好学”——贵州坚持把教育作为拔穷根的根本之策，基本实现建档立卡贫困家庭辍学学生动态清零，新建改扩建公办幼儿园650所、普通高中学校项目280个，启动建设50所“强基工程”中等职业学校。

从“看病难”到“云就医”——基本完成行政村卫生室建设和合格村医配备，全省新增三甲医院3家、儿童医院3家，远程医疗服务总量突破60万例次，持续破解群众看病远看病难。

从“茅草房”到“砖瓦房”——率先在全国开展农村危房改造试点，全省目前累计实施约330万户农村危房改造，实现了约1200万名农村群众住有所居、居有所安的梦想。今年还将启动实施老旧小区改造工程5.96万户，建成城镇保障性安居工程5.7万套。

从“饮水难”到“喝好水”——全省累计投入资金26.97亿元，解决

288.24万人饮水安全问题，其中贫困人口85.21万人，形成了较为完整的农村供水工程体系，农村饮水安全得到有力保障。

民之所盼，政之所向。党的十八大以来，贵州贫困人口从923万减少到30.83万，贫困发生率从26.8%降至0.85%，书写了中国减贫奇迹的“贵州篇章”。

强化责任保成色

令狐毕媛是桐梓县海校街道小坝村的建档立卡贫困户。2020年5月起，帮扶干部上门近10次核实她家家庭基本信息、“一达标两不愁三保障”等政策落实情况，这些信息统一张贴上墙，让群众认可、干部明白、外人清楚。

“我们街道的贫困户已全部脱贫，但脱贫不脱政策，根据每位建档立卡贫困户的情况制作了‘3+1’保障明白栏，充分展示保障措施、脱贫成效，帮助我们查缺补漏的同时也便于接受监督和检验。”桐梓县海校街道党工委书记张元秋说，“3+1”保障明白栏覆盖群众700户，其中柏果树社区594户。

民之所盼，政之所向。贵州聚焦重点人群、重点部位，通过亮晒明白栏推动各项保障到位，助力挂牌督战工作“提档升级”，确保脱贫攻坚质量高、成色足。

“老乡，房屋现在住着怎么样，对整改满意不？”“家里的自来水喝起来有异味吗?”……连日来，全省各地挂牌督战队建立部门和地方“双台账”，压实“双责任”，问题整改实行“双销号”，完不成任务实行“双问责”，确保责任层层压实、任务件件落实，全面解决“三保障”和饮水安全突出问题，努力让脱贫答卷更精彩。

在威宁自治县，省级督战队的20多名干部自年初以来长驻一线，针对摸排核查、突出问题、巩固提升开展三轮督战，进村入户研究对策，督促整改落实，有效解决了一大批“3+1”保障等问题短板，推动威宁脱贫攻坚向质量高成色足迈进；安顺市、县、乡（镇、街道）全面落实挂牌督战各项要求，成立挂牌督战组督战，对紫云自治县剩余贫困人口的住房安全保障问题，一个一个找，一项一项查，对排查发现的问题就地研判、就地解决，实现困难群众住房安全有保障。

合力攻坚奔小康

江军红靠种百香果，从一穷二白的建档立卡贫困户变成了远近闻名的“50万元户”，这背后离不开水的支撑。

江军红所在的平塘县克度镇先进村毗邻“中国天眼”，水电路灯等基础设施齐全，是百香果产业大村。但在过去，先进村却“因水而贫”。

“最老火的就是水，下雨就吃楼顶的‘望天水’，不下雨就走一个多小时山路去霸王河挑水，一天只能挑一趟。”江军红说，水不够用，产业发展不起来，家家户户都穷得叮当响。

“一碗水”，困住了先进村奔向小康的美好愿景。

2017年，平塘县水务有限责任公司成立，按照“公司+片区中心+村组”三级管理模式，统管全县农村供水工程。自此，先进村用水有了保障，村民从挑水中解放出来，纷纷踏上脱贫致富之路。

人民群众对美好生活的向往，就是我们的奋斗目标。在17万平方公里的贵州大地上，广大党员干部鏖战贫困，接续奋斗，对照目标任务全面查缺补漏，巩固“3+1”保障成效，确保问题动态清零。

榕江县通过边缘户全部参保、执行差额缴费、及时兑现医保政策待遇三举措，确保建档立卡贫困户应保尽保、应助尽助、应报尽报，坚决筑牢基本医疗保障屏障。

“没有好房子，何来好日子？”聚焦农村住房安全保障和人居环境整治等短板和问题，沿河自治县全力攻坚，逐一补齐，让群众生活更美、日子更甜。

三都自治县围绕“教育扶贫精准资助，不让一个学生因家庭经济困难而失学”的目标，聚焦全县建档立卡贫困户学生，抓好普惠资助，落实从幼儿园到大学的资助政策。

纳雍县紧盯全县农村饮水安全工程中存在的问题，落实专人负责整改，整改一项销号一项，充分结合工作实际研究建立农村饮水安全健康运行的长效机制，确保按时完成农村饮水安全各项目标任务。

在全面小康的道路上，贵州正鼓足干劲，把问题解决得再彻底一些，把短板补得再扎实一些，把基础打得再牢靠一些，坚决夺取脱贫攻坚战的全面胜利，确保与全国同步全面建成小康社会。

撰稿：覃　淋

评 论

让脱贫攻坚质量更高成色更足

“补短板、强弱项”，是脱贫攻坚“贵州战法”之一。贵州在千方百计增加群众收入基础上，着力补短板、强弱项，确保教育医疗住房“三保障”和饮水安全问题得到有效解决，让脱贫攻坚质量更高、成色更足。

在“实”字上下功夫。“3+1”保障关系群众安危冷暖，做不得表面文章，来不得半点“花架子”。贵州强化问题意识，抓住用好最后的“窗口期”，迈开双脚、进寨入户，对教育、医疗、住房和饮水安全保障工作进行查缺补漏，尽可能多地发现问题、解决问题，巩固保障成果，保持问题动态清零。

在“干”字上见实效。“3+1”保障工作成效好不好，说一千道一万，要靠党员干部带头干，既要想干愿干积极干，又要能干会干善于干。广大党员干部用好“五步工作法”，提升本领能力，主动学习“3+1”保障相关政策法律法规，加大宣传普及力度，做到干部滚瓜烂熟、群众家喻户晓，“干”字当头、狠抓落实。

在“严”字上动真格。做好民生保障是检验党性的试金石，淬炼党员干部的作风。贵州坚决克服“3+1”保障中的形式主义、官僚主义，以粗枝大叶代替一丝不苟，以高喊口号代替实际工作，以三心二意代替全心全意，以虚张声势代替雷厉风行，以欺上瞒下代替求真务实，以较真碰硬代替庸政懒政，更加具体深入，压紧压实责任，克服厌战情绪，把每一项工作都做深、做细、做实，确保过得硬、经得起检验。

民生无小事，枝叶总关情。补齐“3+1”短板，兜牢民生底线，需要持续发力、久久为功，不能有松松劲、歇歇脚的想法。越快够到果实，越应上紧发条，一锤接着一锤敲，尽心竭力办实事。

撰稿：李　坤

五个专项治理：一锄一锄挖“病灶”

直面问题，立整立改。

2018年以来，贵州牢牢把握精准脱贫要求，针对一些地方和领域工作不深入不扎实的问题，先后开展两轮“五个专项治理”，推动各项工作精准再精准，确保扶贫工作务实、脱贫过程扎实、脱贫结果真实。2020年，省市县三级共组建699个工作队，对“9+3”地区进行挂牌督战，全面摸底排查存在问题和薄弱环节。

专项治理走深走实，攻坚成效落地生根。脱贫攻坚农村危房改造2019年度绩效评价获全国第一，农村危房改造和住房保障取得阶段性成效；从98天形成“刺柠吉”系列产品到逐步开拓出“四+”合作模式，东西部扶贫协作不断进阶……收官之年，贵州坚决打赢脱贫攻坚最后总攻歼灭战。

直面问题“摸家底”：破题开路，务求精准

“牢固得很，这下放心了。”榕江县八开镇格拢村村民曹德怀近期因为安装完家中壁板而兴奋不已。2020年4月，上级督战队到他家中调查发现，作为2017年的危房改造对象，改造项目并未在当年完成。于是，督战队将此事列入问题清单，责令当地限期整改。

老百姓从“忧居”到“优居”，是贵州坚持刀刃向内、自我革命的缩影。

2018年4月，国务院扶贫办反馈了贵州2017年度扶贫开发工作成效考核情况，虽然考核结果位列全国第一方阵，但在工作中还存在一些突出问题。同时，省扶贫开发领导小组在牵头开展的2017年度市县两级党委和政府扶贫开发工作成效考核中，也发现基层在工作中存在一些带有普遍性、苗头性的问题。

“全省将从贫困人口漏评错评、贫困人口错退、农村危房改造不到位、扶贫资金使用不规范、扶贫领域腐败和不正之风等五个方面开展专项治理。”在省委十二届三次全会上，会议直接点出了脱贫攻坚领域突出问题，拉开了第一轮“五个专项治理”的序幕。

2019年5月，根据新情况新问题，特别是认真梳理国家脱贫攻坚成效考核反馈的8大类25项60个问题，结合“不忘初心、牢记使命”主题教育中发现的问题，省委、省政府在全省开展了第二轮“五个专项治理”，对扶贫资金管理使用不规范、驻村帮扶不扎实、政策落实不到位、扶贫协作有差距、攻坚打法不精准等问题进行专项整改。

谋划启动高起点：靶向突破，上下联动

2020年8月17日至21日，贵州省党政代表团先后到浙江省宁波市、杭州市，江苏省苏州市，上海市进行考察学习交流，现场签署39项合作协议，为深化帮扶协作、拓展务实合作，开启了新的篇章。

东西部扶贫协作是新一轮“五个专项治理”的重要内容之一。

高起点谋划。两轮“五个专项治理”工作中，省委、省政府主要领导同志亲自部署、亲自推进、亲自督促落实，不断推动专项治理向纵深发展；紧盯关键环节，省委常委会带动各级党组织高标准规划“整改路径”，对专项治理进行部署推进；各市（州），各县（市、区）党委、政府主动认领问题、深入开展自查自纠，明确专人，成立专班，统筹调度和推进整改工作。

一级带着一级干、一级做给一级看，层层压紧压实压牢党政责任、部门责任，做到打法准、措施硬、见效快、效果好。

靶向突破。贫困人口漏评错评专项治理，坚持对照标准查、发动群众查等七种核查方式降低漏评率和错评率；扶贫资金管理使用不规范专项治理通过开展扶贫资金“六项举措”等措施解决；政策落实不到位专项治理中重新编制了《贵州省脱贫攻坚政策汇编》，确保中央、省委各项扶贫政策落地生根……

10个专项问题治理的子方案对总体要求、治理步骤、治理措施、工作保障等做了明确规定，并根据各个问题的特点，提出了有针对性的具体工作措施，指导性、操作性强。

一分部署，九分落实。如何把专项治理这张军令状落实到位，全省各级干部闻令而动，以刀刃向内的勇气，始终把问题整改作为重大政治任务抓紧抓实，主动而为、顺势而为、创新而为，凝聚成一支能打仗、打胜仗的脱贫攻坚队伍，为决战脱贫攻坚、决胜同步小康注入强大动力。

务实整改重效率：利剑出鞘，成效显著

“国家政策真是太好了，帮我们老百姓垫钱治病！”望谟县边饶镇坎边村罗正英感慨万千。患有脑病的她，2020年2月被县脱贫攻坚督战专班走访发现。在坎边村第一书记陈付协调下，享受了国家先诊疗后付费、一站式服务及合作医疗报销。

这是2020年以来望谟县抓住脱贫攻坚挂牌督战，多轮次开展逐村逐户征求意见、逐人逐项精准定措施的成果。

2019年，贵州对18个已脱贫出列县和16个深度贫困县，共81个乡镇、198个村、2838户农村危房改造和住房保障情况进行了入户调查，开展“五个专项治理”，排查出的76个问题全部整改销号。最终，贵州脱贫攻坚农村危房改造2019年度绩效评价获全国第一，农村危房改造和住房保障取得阶段性成效。

脱贫攻坚是个系统工程，只有点、线、面整体协调推进，才能更好地提高效率和发挥效益。全省上下联动抓治理，认真查找政策导向、政策设计、政策要求与基层实际不符合的地方，研究调整完善政策，以政策的精准促进工作的精准。

直奔基层，一竿子插到底，抓具体抓深入在贵州大地蔚然成风。

铜仁市全面推行将第一书记、驻村干部和脱产结对帮扶干部党组织关系、工资、管理、考核划转到帮扶村或帮扶村所在乡镇（街道）“四个划转”为抓手，靶向治疗一些地方驻村帮扶不扎实“顽疾”；

六盘水市将“五个专项治理”监督检查与易地扶贫搬迁、财政涉农补

贴资金“一折通”等专项监察有机结合，并充分运用乡镇纪委片区协作工作组力量，采取“重点监督”“交叉监督”等模式深入开展监督检查；

……

全省各地利剑出鞘，在抓常抓细抓长上下功夫，将具体问题全部整改到位，相关制度进一步完善。实践证明，两轮“五个专项治理”以专项治理的方式解决脱贫攻坚中的突出问题，是确保决战脱贫攻坚、决胜同步小康的一个重大举措。

撰稿：刘蓝婴

评　论

奔着问题去　迎着困难上

以专项治理的方式解决脱贫攻坚中的突出问题，脱贫攻坚“贵州战法”把坚持问题导向、勇于自我革命贯穿于各项工作中。

在打赢脱贫攻坚战进入倒计时的关键阶段，攻克深度贫困堡垒必然会存在这样那样的问题。产生问题的原因很多，根本的是干部作风不扎实，形式主义、官僚主义严重；解决问题的方法很多，关键的是强化责任担当、更加具体深入，问题一个一个解决、堡垒一个一个攻克。

2018年全省集中开展贫困人口漏评错评、贫困人口错退、农村危房改造不到位、扶贫资金使用不规范、扶贫领域腐败和不正之风“五个专项治理”，2019年5月起开展扶贫资金管理使用不规范、驻村帮扶不扎实、政策落实不到位、扶贫协作有差距、攻坚打法不精准“五个专项治理”。

两轮“五个专项治理”的提出和实施，体现了强烈的问题意识、责任担当和为民情怀。省委、省政府坚决扛起脱贫攻坚这个重大政治责任，把问题整改作为重大政治任务谋划部署、强力推动。市县乡党委、政府自觉扛起脱贫攻坚问题整改政治责任，主动认领问题、深入开展自查自纠，明确专人，成立专班，认真整改，抓好落实。坚持谁牵头谁负责、谁主管谁负责、谁承办谁负责，压实责任，加强监督，确保改出新风、治出实效。各级党员干部不退、不拖、不躲，奔着问题去、迎着困难上，专项治理后，全省漏评率、错评率、错退率大幅低于全国平均水平，形式主义、官僚主义得到有效整治，抓具体抓深入蔚然成风。

“惟以改过为能，不以无过为贵。”两轮“五个专项治理”解决了脱贫攻坚中存在的突出问题，坚定了各级党员干部尽锐出战、务求精准、确保按时打赢的决心信心，为确保决战脱贫攻坚、决胜同步小康打下了坚实基础。

撰稿：伍少安

尽锐出战：好人好马上前线

为人民而战，为荣誉而战，为梦想而战。

作为全国脱贫攻坚主战场，按时高质量打赢脱贫攻坚战是贵州的头等大事和第一民生工程。

为了确保高质量打好收官战，贵州始终坚持尽锐出战，把最能打硬仗的精锐力量派到一线全力攻坚，让党旗在脱贫攻坚战场高高飘扬！

坚持五级书记抓脱贫　层层压实攻坚责任

2月25日，视频督战紫云自治县、沿河自治县；4月7日，赴纳雍县督战脱贫攻坚；4月28日至30日赴望谟县、册亨县督战脱贫攻坚；6月17日至18日，赴纳雍县3个乡镇督战脱贫攻坚……自2020年挂牌督战开展以来，省委、省政府主要领导时刻将未脱贫群众挂在心上，采用多种形式督战“9+3”县区脱贫攻坚工作。

围绕抓党建促脱贫攻坚，在榕江县定威乡党委书记的带领下，全乡干部群众自觉扛起脱贫攻坚政治责任，强化脱贫攻坚组织领导，通过不断加大政策执行和落实力度，精准掌握吃、穿、饮水、住房、教育等方面的动态变化，切实解决“两不愁三保障”方面的突出问题，为贫困群众持续增收、稳定脱贫提供有力保障。

普定县靛山村党支部书记，带领全体村民改善基础设施、发展致富产业，形成山下有韭黄基地、山腰有肉兔养殖、山上有茶叶种植的发展格局。2019年底，全村集体经济突破600万元，村民年人均纯收入迈过万元大关。

……

五级书记打头阵，凝心聚力战深贫。

贵州始终坚持省、市、县、乡、村五级书记抓脱贫，层层签订责任书、立下军令状，确保脱贫攻坚责任到位、工作到位、落实到位。

同时，把抓党建促脱贫攻坚作为党委书记述职重要内容，述职评议结果作为对领导班子评价的重要依据，作为领导干部调整和选拔任用的重要参考。并且建立现场观摩机制，通过现场看、现场比，倒逼责任落实，推动扶贫领域政策措施在全省各地落地生根、开花结果。

坚持“好人好马上前线” 选优配强攻坚队伍

“我从农村来，想回到农村为老百姓做一些实实在在的事情……”2018年3月，省科技厅三级主任科员艾立燎主动请缨来到省科技厅结对帮扶的剑河县岑松镇南岑村担任第一书记。

两年多来，他始终奋战在脱贫攻坚第一线，兴产业、察民情、解民生，用实际行动亮出了一个科技工作者的底色。在他的带领下，南岑村贫困发生率下降至1.9%，实现了脱贫摘帽。

虽然村里脱了贫，但艾立燎依然忙个不停，去最远的村组，帮最穷的贫困户。

越是困难多、任务重的地方，越要派出能力强、作风硬的干部，做到尽锐出战、战则必胜。

按照尽锐出战、务求精准的要求，全省各地牢固树立“好人好马上前线”的鲜明导向，着力将敢于打硬仗、善于打胜仗的精锐部队派到一线全力攻坚，打造一支召之即来、来之能战、战之能胜的战斗队伍。

地处大娄山脉和武陵山脉交错地带的沿河自治县，是全省9个挂牌督战县之一。

“必须如期脱贫，没有任何退路和弹性。”在这场硬仗中，沿河34名县级领导干部全部靠前指挥，攻坚拔寨，蹲点乡镇（街道）担任指挥长、督导组长，5129名党员干部始终坚守在脱贫攻坚一线。

2020年3月以来，为确保尽锐出战，毕节市采取超常规措施，从工作表现好的县处级领导干部中精选了14名“强将”，下派到纳雍、威宁、赫章3个深度贫困县的14个乡镇担任党委书记，并将行政关系、工资关系、组织关系全部划转到所在乡镇党委，以“破釜沉舟”的决心下沉攻坚，确保不脱贫不收兵。

打赢脱贫攻坚战，关键在党，关键在人。2020年，全省共有4.5万名驻村干部、第一书记，11.2万名各级机关事业单位帮扶干部扎根在脱贫攻坚最前线，以拼搏诠释信仰，以奋斗回应嘱托，用汗水、用青春、用生命谱写着一曲曲战斗壮歌。

坚持激励与约束并重　凝聚强大攻坚合力

“最后一个贫困村，让我去！”2018年，刚结束在沿河自治县塘坝镇小石界村的扶贫“战斗”，邹进便主动请缨，再次踏上征程，朝着该镇最后一个贫困村——红竹村进发。

当时红竹村贫困发生率高，基础设施差，产业发展弱，脱贫任务艰巨。到村后，担任脱贫攻坚指挥部副指挥长的邹进大力改进工作方法，抓阵地建设、产业发展、民生工程，各项工作有条不紊。2019年，红竹村顺利通过国家第三方脱贫成效考核。

2020年4月下旬，因为脱贫攻坚实绩突出，邹进被提拔为塘坝镇党委组织委员，担任乡镇副科级领导职务。

脱贫攻坚一线是锤炼干部、选拔干部的主阵地。2015年3月，正安县国土局干部赵恒被选派到杨兴镇大城村担任第一书记。驻村以来，他力破固定思维，动员村“两委”、群众采取“飞地经济”模式，进行工业气体的充装及销售，成功积累村集体经济33万元，利益联结25户贫困户。2019年3月，因脱贫攻坚成效突出，赵恒被提拔为杨兴镇副镇长。

如今在贵州，与邹进、赵恒一样因脱贫攻坚工作突出，得到组织表彰激励和提拔重用的脱贫攻坚一线干部不在少数。

从2017年起，贵州大幅度提高贫困地区基层干部的年度考核优秀等次比例；2018年，统筹1000个乡镇公务员职位，面向优秀村干部、驻村干部等招录；连续三年召开全省脱贫攻坚“七一”表彰大会，表彰担当作为、苦干实干的优秀个人和先进党组织；全面核查第一书记、驻村干部是否做到每年1次健康体检、购买人身意外伤害保险……

为增强决战深贫的信心与决心，凝聚起脱贫攻坚的强大合力，贵州始终坚持严管与厚爱结合，激励与约束并重，注重在脱贫攻坚一线考察识别干部。

同时，加强对村“两委一队三个人”动态跟踪管理，对不胜任、不尽职的坚决进行调整。严格落实村党组织书记县级党委备案管理制度，强化县级把关，完善人员档案，切实建强村党组织书记队伍，为按时高质量打赢脱贫攻坚战提供坚强组织保障。

撰稿：安　通

评　论

扛千钧责　践千金诺

“贫困不除、愧对历史，群众不富、寝食难安，小康不达、誓不罢休。”脱贫攻坚“贵州战法”饱含着为民情怀，彰显了必胜信念。

凝聚合力谋打赢。脱贫攻坚到了冲刺阶段，时间紧、任务重、要求高，考验着各级党组织的能力和智慧，考验着党员干部的责任和担当。坚决按时高质量打赢脱贫攻坚战，全省各地坚持以人民为中心，深入实施党建扶贫，选派精兵强将，和乡村干部一起编组编队，统筹推进脱贫攻坚各项目标任务，凝聚强大合力，发起最后总攻。全省4.5万名驻村干部、第一书记和11.2万名各级机关事业单位帮扶干部与基层群众想在一起、干在一起，用汗水、用青春、用生命谱写了一曲曲战斗壮歌。

压实责任攻难关。一级带着一级干、一级做给一级看，全省五级书记抓脱贫，推动脱贫攻坚责任落实、工作落实、政策落实。12位省级领导带头挂牌督战9个未脱贫摘帽深度贫困县、3个剩余贫困人口超过1万人的县区，市县党政主要负责同志深入一线带头攻坚克难，示范带动各级领导干部遍访贫困村、贫困户，确保脱贫攻坚征程上不漏一户、不落一人。各级党组织和广大党员干部团结带领各族人民，在战贫、战疫、战灾中逢山开路、遇水架桥，全力以赴创造光辉业绩、兑现庄严承诺。

改进作风夺全胜。按照什么弱整顿什么、缺什么补什么的原则，全省各级党组织以刀刃向内的精神和刮骨疗伤的勇气，持续整顿软弱涣散党组织，强化坚决打赢真本领，提升基层组织战斗力。广大党员干部紧紧围绕省委的决策部署，在知重负重中矢志前行，在苦干实干中提升本领，一个问题一个问题研究、一个堡垒一个堡垒攻克，坚决杜绝形式主义、官僚主义，持续抓具体抓深入，以过硬作风确保脱贫质量和成色。

“其作始也简，其将毕也必巨。”当前，脱贫攻坚已进入收官阶段，全省各级党组织和广大党员干部正斗志昂扬、精神振奋，为人民而战、为荣誉而战、为梦想而战。

撰稿：付　松

四个聚焦：集中火力啃下“硬骨头”

攻克贫困堡垒，兵力要强，弹药要足，火力要猛。

深度贫困的深山区、石山区，是决胜脱贫攻坚的难中之难、坚中之坚。为了啃下这些贫困“硬骨头”，确保全面小康“一个不能少”，贵州采取了超常规举措。省、市、县主要领导挂帅指挥，各级各部门集中优势兵力，把帮扶力量、扶贫资金、基础设施、东西部扶贫协作向深度贫困地区聚焦，以“四个聚焦”紧密协同攻坚克难，彻底歼灭千年贫困。

集中兵力，总攻堡垒

入秋以来，威宁自治县40万亩坝区夏秋冷凉蔬菜、200万亩马铃薯正紧锣密鼓地采收和装车，俏销粤港澳大湾区和东南亚等市场；45万亩中药材、30万亩红苹果陆续进入采摘时节……古老的乌蒙山腹地，充满“含金量”高的现代农业，以产销一体化的全产业链业态，取代了低效单一的传统农业。

这是省委主要领导多次深入威宁一线调研，实施易地产业扶贫，实现贫困群众就业增收的超常规举措。

让深度贫困地区如期实现脱贫攻坚目标，是贵州必须啃下的“硬骨头”。从2017年8月开始，贵州确定了剩余16个深度贫困县、20个极贫乡镇、2760个深度贫困村，集中火力攻坚克难。

攻克难中之难，需要强有力的作战队伍。省委确立了深度贫困县和极贫乡镇全部由省领导联系帮扶。省委主要领导联系帮扶深度贫困县威宁自治县和晴隆县，定点包干极贫乡镇石门乡和三宝乡；省政府主要领导联系帮扶丹寨县和纳雍县，定点包干极贫乡镇简嘎乡和董地乡。市县两级领导分别联系2760个深度贫困村。各地调整优化干部队伍，把最能打仗的派到最需要攻坚的地方，全省4.5万名驻村干部、第一书记，11.2万名各级机关事业单位帮扶干部扎根脱贫攻坚最前线。16个深度贫困县逐一制定总攻方案，补齐工作短板。

军令如山，省市领导经常深入一线解决难题，各县区担起守土有责的使命，奋力攻坚克难。正安县紧紧围绕“两不愁三保障”和第三方评估指标体系，进一步统一认识、盘清底数、精准施策、强化保障、压实责任；三都自治县强力推进“三落实”，全力打好“四场硬仗”，全力补齐“一达标两不愁三保障”短板。

精准施策，成效凸显。从2018年开始在四季压茬推进“攻坚行动”，以“四季轮战”推动脱贫攻坚连战连捷。2019年，正安、水城、三都、罗甸、剑河、锦屏、册亨7个深度贫困县率先实现脱贫摘帽。

挂牌督战，冲刺大考

“要在全省来一场脱贫攻坚大会战，挂牌打好最后歼灭战。”

今年1月5日的全省农村工作会议暨全省扶贫开发工作会议上，针对威宁、纳雍、赫章、从江、榕江、晴隆、望谟、沿河、紫云等9个未摘帽的深度贫困县，以及水城、七星关、织金3个贫困人口超过1万人的县区，省委主要领导向全省各级干部各族群众发出督战令，要求实行“挂牌督战，逐一对账销号”的办法，集中优势兵力向最后的贫困堡垒发起总攻。

春节开始，突如其来的新冠肺炎疫情，成为按时高质量打赢脱贫攻坚战的“拦路虎”。越是艰险越向前，面对决胜脱贫攻坚的“必答题”和抗击疫情的“加试题”，省委咬定目标不放松。

2月10日，全省决胜脱贫攻坚誓师大会发出号召，誓夺战疫战贫双胜利；3月31日，全省脱贫攻坚“冲刺90天打赢歼灭战”动员大会召开，增派生力军奔赴前线既督又战。全省集中资源向“9+3”县（区）倾斜，整合省市县三级力量，组建699个挂牌督战工作队，以“督”促“战”，以“硬”碰“硬”，推动绝对贫困“见底清零”。

号角吹响，军令如山。在威宁自治县，省级督战队的20多名干部长驻一线，针对摸排核查、突出问题、巩固提升开展三轮督战，有效解决了一大批“3+1”保障等问题短板，推动威宁脱贫攻坚向质量高成色足迈进；安顺市迅速制定督战方案，组建市级督战队进驻紫云自治县，组织县、乡两级对162个行政村实行全覆盖挂牌督战，安排1224名脱贫攻坚前沿作战队员动态走访；七星关区阴底乡成立乡级挂牌督战工作领导小组，12个村绘制挂牌作战图、脱贫户跟踪服务图、未脱贫户精准帮扶图，突出产业扶贫，建立短板弱项整改台账，实行立查立改……

三级联动层层推进，围绕农村产业革命调结构，围绕易地扶贫搬迁做好“后半篇文章”，围绕“两不愁三保障”强弱项补短板，以不获全胜、决不收兵的气势向深度贫困开战，跑出了脱贫加速度。

定准靶心，用足“弹药”

“张家港市帮到我们心坎上，如今我们这山旮旯也有了先进的现代农业!”8月26日，沿河自治县高峰村有机农业产业园里，村民田祝梅指着身后挂满“阳光玫瑰”的葡萄架激动地说。

46岁的田祝梅，过去靠种玉米、红薯维持生计。如今，高峰村在张家港市善港村的帮扶下，村子里建起了高规格、高标准的有机农业产业园。自此，她放下锄头成了“上班族”，每年收入近4万元，今年还拆掉木房新建了砖房。

攻克贫困堡垒，需“弹药”充足。2018年召开的贵州省委十二届三次全会提出，要推动帮扶力量、扶贫资金、基础设施、东西部扶贫协作向深度贫困地区聚焦。

各方阵营向靶心靠拢，深度贫困地区的路网、水电、人居环境、产业发展等得以优化和大幅提升。

攻坚克难，专项扶贫“洒甘霖”。仅2019年，全省下达深度贫困县专项扶贫资金达41.30亿元，增长48.9%，有力的资金扶持撬动了深度贫困地区内生动力，基础设施建设全面完善。

攻坚克难，在产业扶贫上“放手干”。聚焦“9+3”县区组建12个帮扶专班，加大对特色优势产业发展的指导，集中资源要素，完善扶贫机制，有效促进贫困农户增收脱贫，使得“9+3”县区重点产业规模迅速扩大，同比增速普遍高于全省平均水平。

攻坚克难，东西部扶贫协作“出重拳”。2013年以来，东部帮扶城市向贵州投入财政帮扶资金逐年增长，累计达121.97亿元，2020年已投入财政帮扶资金38.64亿元，计划实施项目1317个，已开工建设1306个。

攻坚克难，企业担当“施妙手”。乌江水电投入扶贫资金1350万元，在沿河自治县中寨镇发展“白叶一号”农旅一体化茶园基地项目；磷化集团今年上半年出资1200万元，在榕江县2019年未脱贫贫困户中统一实施生猪、鸡、稻田鱼养殖项目；盘江集团及成员企业，今年上半年累计投入502.66万元帮扶纳雍县发展茶和辣椒产业。

众志成城，使命必达。当前，脱贫攻坚已到了收官阶段，扶贫战士仍坚守在一线，为彻底撕掉贵州千百年来绝对贫困的标签，奋力书写优异答卷。

撰稿：刘　莹　梁　圣

评　论

多硬都须啃下多难都要打赢

攻克贫中之贫、坚中之坚，脱贫攻坚“贵州战法”集中优势兵力、投入最大力量，靶向发力啃下最后“硬骨头”。

党的十八大以来，面对武陵山区、乌蒙山区、滇桂黔石漠化区等基础条件差、经济社会发展欠账多的深度贫困地区，贵州采取超常规举措，持续推动扶贫资金、东西部扶贫协作、基础设施建设、帮扶力量向深度贫困地区聚焦，昭示了贵州坚决攻克深度贫困堡垒的信念决心。

“四个聚焦”目标清晰。脱贫路上一个都不能少，无论“硬骨头”有多硬都必须啃下，无论攻坚战有多难都必须打赢。

“四个聚焦”战术精准。坚持省级领导挂帅定点帮扶深度贫困县、极贫乡镇和市州、县级领导定点包保深度贫困乡村，逐一制定深度贫困县、深度贫困村攻坚方案，确保精准施策、对症下药。

“四个聚焦”落实有力。2019年和2020年，贵州省级财政统筹安排深度贫困县每县每年1亿元用于脱贫攻坚，中央和省预算内资金用于深度贫困地区比例达到30%以上。7个对口帮扶城市把帮扶资源和力量向深度贫困地区汇集，实现东部结对帮扶我省深度贫困村全覆盖。基础设施不断完善，全面推进水利、电力、通讯等巩固提升，加强教育、医疗、文化等设施配套。

分则力散，专则力全。贵州开展挂牌督战，推动人力、物力、财力进一步向深贫地区聚集，尽锐出战、层层用力、发起总攻，牢牢掌握住脱贫攻坚主动权和制胜权。

撰稿：李薛霏

四季轮战：压茬推进书写“丰收账”

一刻不能停、一步不能错、一天不能耽误。

贵州压茬推进“攻坚行动”，2018年发起“春风行动”“夏秋攻势”“秋后喜算丰收账”“冬季充电”系列行动，2019年又接续发起“春季攻势”“夏秋决战”“冬季充电”，推动脱贫攻坚连战连胜、再战再捷!

春风化雨：从“春风行动”到“春季攻势”

2018年2月，一场脱贫攻坚“春风行动”在黔中大地迅速开展，全省上下精准发力，从产业扶贫、农村公路“组组通”、易地扶贫搬迁、教育医疗住房“三保障”着手，奏响多彩贵州脱贫攻坚的华美乐章。

春风催发产业革命，服务到家。

“春风行动”全面推行产业规划和项目、春耕物资备足备齐、利益联结机制、产销衔接机制、专家技术服务团队共五个方面到村到户到人，让100%的贫困村建立了农民专业合作社，100%的贫困人口参加农民专业合作社，并在100%的农民专业合作社实现技术团队覆盖。

春风带来发展甘霖，动脉更畅。

“春风行动”中，新增投资100亿元，高质量打好以农村公路“组组通”为重点的基础设施建设硬仗，让农村“组组通”公路新增了1.5万公里，进一步夯实贫困地区脱贫基础。

春风带来惠民雨露，润透人心。

“春风行动”实现66个贫困县农村学前教育儿童营养改善计划全覆盖；实现深度贫困村卫生室规范化建设全覆盖、易地扶贫搬迁安置区卫生室建设全覆盖、农村中小学校医务室标准化建设全覆盖。

2019年2月，“春季攻势”打响。全省纵深推进农村产业革命，齐心协力打好“两不愁三保障”关键战役，为夺取脱贫攻坚根本性胜利奠定扎实基础。

攻城拔寨，惊艳突破——持续推进农业产业在规模化发展、市场化发展、要素保障、科技支撑等多个方面迈上新台阶。2019年，以12个农业特色优势产业为抓手，以500亩以上坝区为主阵地，全省县级以上农业产业化龙头企业4178家，带动农户211.82万户，增收总额144.18亿元，户均增收6835元。

攻坚克难，补短提弱——持续完善公共教育服务，保障易地扶贫搬迁户适龄子女全覆盖、零门槛、无障碍就学。全省96所挂牌督战易地扶贫搬迁集中安置点配套学校按期保质保量全面建成，为搬迁群众更好更快融入城镇、安居乐业、阻断贫困代际传递奠定了坚实的基础。

夏阳灿烂：从“夏秋攻势”到“夏秋决战”

“春风行动”“春季攻势”打响全年战役第一炮，“夏秋攻势”“夏秋决战”接续掀起新高潮。

2018年7月24日，全省召开“脱贫攻坚夏秋攻势暨全面解决农村饮水安全攻坚决战行动启动会”，继“春风行动”之后，全面发起“夏秋攻势”：

通过蔬菜、茶叶、食用菌、中药材等产业带动100万人脱贫；建设“组组通”硬化路5万公里，解决88万余建档立卡贫困人口饮水安全问题；实现76.6万易地扶贫搬迁人口入住；高质量打好教育医疗住房“三保障”硬仗。

2019年，“夏秋决战”乘势而上、持续攻坚。

“决战”战出新高度。对照“八要素”找差距强弱项，各地农村产业革命纵深推进，为按时打赢脱贫攻坚战提供更加有力的产业支撑。农村人均可支配收入增长10%以上，农业增加值增长6.8%以上。

“决战”战出新温度。民生福祉持续提升，全省持续压缩6%的行政经费用于农村教育事业发展，深入实施教育精准脱贫“1+N”计划。健康扶贫在全国率先实现省、市、县、乡四级远程医疗全覆盖，为23.6万人带来便利和实惠……

学有所教、病有所医、住有所居，一幅多彩贵州民生画卷徐徐展开。

秋实满枝：“秋后喜算丰收账”，脱贫攻坚看贵州

八月，是丰收的季节，贵州大地正在书写一幅丰收的多彩画卷——

乌蒙高原上，韭菜坪的万亩韭菜花开如海；

黔东南施秉县2.5万亩红红火火的辣椒进入采收期；

铜仁市26个食用菌基地迎来香菇收获季；

安顺市平坝区青庄坝区400个大棚的番茄产量达160万斤。

……

从率先在西部实现县县通高速公路，到“组组通”硬化路打通了贫困地区脱贫致富“最后一公里”；从近200万群众搬出贫困大山、迎来崭新人生，到城乡格局、生产力布局发生深刻变化；从农村产业革命让全省农业增加值和农民人均可支配收入增速连续2年位居全国前列，到12个农业特色优势产业开花结果……一场场聚力攻坚，一次次成功突围，贵州向着更加美好的生活接续奋斗。

咬定青山不放松。“四季轮战”压茬推进，推动脱贫攻坚连战连捷。按时高质量打赢脱贫攻坚战，与全国同步全面建成小康社会的目标，贵州步伐坚定、战果累累。

撰稿：王淑宜　杨　静

评　论

环环扣准锤锤敲实

一环连着一环扣准，一锤接着一锤敲实，一件事情接着一件事情办成，脱贫攻坚“贵州战法”梯次接续、压茬推进，连战连胜、再战再捷。

压茬推进讲究统筹谋划、相互衔接，乘势而上顺势而为。贵州把攻破坚固堡垒任务分解落细，制定路线图时间表，发力农村产业革命、农村公路“组组通”、易地扶贫搬迁、教育医疗住房三保障“四场硬仗”等，为按时打赢脱贫攻坚战提供有力的产业支撑、基础支撑、环境支撑和保障支撑，特别是下大力气抓好产业扶贫这个长远之计、根本之策，坚持靶心不散、频道不换，做到整体联动、协调并进，牢牢掌握脱贫攻坚主动权、制胜权。

压茬推进讲究一鼓作气、毫不松懈，不获全胜决不收兵。贵州统筹推进疫情防控和脱贫攻坚，吹响冲刺90天、奋战3个月的冲锋号，一刻不能停、一步不能错、一天不能耽误，汇聚坚决打赢脱贫攻坚最后总攻歼灭战的磅礴力量。在确保高质量、打好收官战的决战时刻，启动2020年“黔货出山·风行天下”“夏秋攻势”行动，千方百计把贵州农产品卖出去、卖出好价钱，为脱贫攻坚和乡村振兴提供更为坚实的产业支撑，确保无论遇到什么样的风险，都要高质量打赢最后总攻歼灭战。

“一年三百六十日，多是横戈马上行。”脱贫攻坚战艰苦卓绝，“四季轮战”高歌猛进，春去秋来，寒来暑往，全省上下步履坚定，攻克一个又一个堡垒，一步一个脚印向着“相约2020”坚实迈进。

撰稿：娄铃英

誓夺双胜利：战贫战疫都要赢

两场战役都要打赢，两个胜利都要必得。

2020年新冠肺炎疫情暴发以来，贵州坚持战贫战疫两手抓，在率先采取系列举措抓好新冠肺炎疫情防控的前提下，发起脱贫攻坚最后总攻，“冲刺90天、打赢歼灭战”，努力把耽误的时间抢回来、把遭受的损失补回来！

从率先启动突发公共卫生事件一级响应，到率先启动复工复产工作；从及时召开脱贫攻坚誓师大会，到纵深推进挂牌督战，贵州始终以人民为中心，直面主战场，打好主动战，为最终夺取疫情防控和脱贫攻坚两场战役的胜利，抓住先机，赢得主动。

争取第一时间：下出先手棋，打好主动仗

做好脱贫攻坚“必答题”，答好疫情防控“加试题”。贵州实施超常举措，谋划创新打法，气势如虹，志比金坚。

答好“加试题”，省委、省政府贯彻中央部署落实坚决有力，争取多个“第一时间”，早研判、早部署、早落实——

第一时间学习贯彻习近平总书记系列重要指示和党中央各项决策部署；

第一时间成立省疫情防控领导小组；

第一时间启动重大突发公共卫生事件一级响应；

第一时间将疫情防控部署落实到村、到社区、到车间、到最基层；

第一时间在全国率先用五天时间对五类重点人员集中开展核酸检测；

第一时间运用大数据等手段强化外防输入；

全省“查、防、控、治、保、导”步步为营，众志成城筑起疫情防控铜墙铁壁，为取得疫情防控最终胜利打下坚实根基。

做好“必答题”，省委、省政府贯彻落实中央部署科学精准，不等、不缓、不怠，下出先手棋、打好组合拳——

在全国率先召开全省脱贫攻坚誓师大会，召开“冲刺90天、打赢歼灭战”动员大会对9个深度贫困县逐一进行视频督战和现场督战。

在大战大考中纵深推进农村产业革命，12个农业特色优势产业高歌猛进。

在全国率先制定出台促进高校毕业生就业创业十条、促进农民工返岗就业二十四条和150多条惠企稳岗政策措施。

率先召开劳务就业扶贫工作会议，专门针对贫困人口就业，制定出台“八个一批”扶持政策，牢牢守住就业这条生命线。

全省上下以昂扬奋进的战斗姿态投入最后总攻，始终把决战决胜的主动权、制胜权牢牢握在手里。

确保万无一失：坚持生命至上，保证脱贫成色

迎接大战大考，贵州以人民为中心，坚持生命至上，保证脱贫成色，

确保打赢两场战役万无一失。

答好“加试题”，贵州科学防治，提高治愈率降低感染率死亡率——

从加强各入黔通道卡口检查、体温检查和信息登记大排查，到确保城市社区、农村防控不留盲区死角；从严格落实定点隔离、居家隔离观察措施，到保证隔离人员正常生活供给，迅速构建起查、防、控、治、保、导“六位一体”防控体系，横到边、纵到底，坚决遏制疫情扩散蔓延。

贵阳“小汤山”将军山医院、省职工医院紧急改造投用，为集中患者、集中专家、集中资源、集中救治创造有利条件；聘请钟南山院士为顾问，全省抽调呼吸、感染、重症医学专业专家81人、中医专家22人组成的省级医疗救治专家组，贵州拿出科学化、系统化的防控措施，打出疫情防治“组合拳”，全省治愈率高达98.7%。

做好“必答题”，贵州步步为营，提高脱贫质量与成色——

产业发展纵深推进。紧扣“八要素”，落实“五个三”，实现“六个转变”，帮助农民持续增收、稳定脱贫。

就业创业道宽路畅。通过新开发就业岗位、引导农民工返乡就业创业、深化东西部协作加强有组织劳务输出、开发公益性岗位兜底安置就业困难人员等举措，外输内拓促就业创业，让群众“动起来”，腰包“鼓起来”。

民生网底越织越牢。持续抓好查缺补漏、巩固提升，抓实挂牌督战，巩固“3+1”保障成果，改进住房安全、饮水安全保障中的薄弱环节，确保问题动态清零，坚决兜牢基本民生底线。

确保高质量、打好收官战，贵州牢牢掌握脱贫攻坚主动权、制胜权，决战决胜就在当下，梦想成真就在今朝。

坚持一抓到底：拿出硬核作风，扛起使命担当

全省党员干部拿出硬核作风，坚持一抓到底，党旗始终在抗疫战贫的主战场高高飘扬——

疫情防控战场上，贵州建立临时党支部4800余个，组建党员突击队、先锋队6700余个，设立党员责任区、党员先锋岗4.5万个，全省6万多个基层党组织、50多万名党员干部与时间赛跑，与病魔较量，把责任扛在肩上。

寒冬里，威宁自治县二塘镇卫生院院长熊玫冒着风雪在山路上驾驶，连夜将发热患者送到定点救治医院，面对寒冷与危险，她说，这是她身为党员应该做的事。

安顺市卫健局医政医管科负责人张二艳疫情防控期间每天工作16个小时以上，累了就在办公桌上趴会儿，“党员就是要在最困难的时候‘我先上’，才能践行初心和使命。”

脱贫攻坚战场上，全省党员干部以昂扬奋进的战斗姿态投入最后总攻，挂牌督战打好深度贫困歼灭战，一鼓作气打好脱贫成果巩固战，乘势而上打好深化农村产业革命突破战，咬定目标打好易地扶贫搬迁后续帮扶持久战，以时不我待、只争朝夕的精神风貌，为创造更加火红的生活而不懈奋进。

织金县委书记杨桦坚持把发展产业作为脱贫的根本之策，明晰种植业、养殖业发展思路，激活组织引擎，强化群众参与，推动农村产业革命取得重大突破。

2019年至今，从江、榕江两县业务指导组组长杨检白天走村进户、问需于民，晚上梳理问题、精准施策，一个个难题迎刃而解、落地见效。

全省党员干部以时不我待、只争朝夕的紧迫感和实干精神，凝聚“硬核”力量，坚持一抓到底，确保高质量打赢脱贫攻坚收官战。

撰稿：罗亮亮

评　论

在大考中淬炼　在奋进中升华

打赢两场战役，既是大仗、苦仗、硬仗，更是荣誉之仗、责任之仗、担当之仗，是贵州各级党组织和广大党员干部牢记习近平总书记嘱托、践行初心使命的试金石和磨刀石。

今年以来，在交织进行的两场战役中，全省广大党员干部士气高昂、豪情满怀，众志成城、迎难而上，在大战大考中淬炼党性、增强本领，矗立起一座座令人敬佩、永不褪色的精神丰碑。

在疫情防控一线，全省广大医务工作者义无反顾、逆行出征，白衣执甲、不负重托，在湖北鄂州抗疫一线，在全省各定点救治医院，在疾控中心实验室，在广大农村城市社区，在交通要道高速路口，他们同时间赛跑，与病魔较量，用实际行动践行了敬佑生命、救死扶伤、甘于奉献、大爱无疆的崇高精神，展现了新时代医务工作者的良好形象；广大公安干警、社区工作者、志愿者等党员干部群众舍小家为大家，为爱集结、冲锋在前，让党旗在疫情防控一线高高飘扬，坚决阻击疫情传播蔓延，筑起了一道道疫情防控的钢铁长城，凝聚起坚不可摧的强大力量。

在脱贫攻坚战场，广大党员干部将忠诚举过头顶，坚持以信仰指引实践、用行动践行初心，把奋斗融入党领导的脱贫攻坚伟大事业中，将汗水挥洒在贵州大地上；他们把群众当家人、视民生为家事，日日夜夜走访，披星戴月帮扶，解决许多操心事、揪心事，赢得群众高度评价和真心认可；他们将困难踏于脚下，以敢让高山低头、敢让河水让路的大无畏精神，全力攻坚拔寨，啃下了一个个“硬骨头”，以拼搏赢得了累累战果；他们将责任扛在肩上，不务虚功、甘于奉献，用脚步丈量民意民情、用双手托起富民产业，扎扎实实干出了一片崭新天地。经过艰苦卓绝的持续奋斗，我省脱贫攻坚连战连捷，书写了中国减贫奇迹的贵州篇章。

战贫作风助战疫，战疫精神促战贫。越是到了最后的紧要关头，越是要弘扬战疫战贫中彰显的新时代贵州精神，以不获全胜决不轻言成功的干劲，以贫困不除愧对历史、百姓不富寝食难安、小康不达誓不罢休的决心，确保高质量、打好收官战，向党和人民交上满意的答卷。

撰稿：李　坤

考绩问效：念好“四双”紧箍咒

真抓才能攻坚克难，实干才能梦想成真。

作为全国脱贫攻坚主战场，贵州脱贫攻坚力度之大、规模之广、影响之深前所未有。在脱贫攻坚连战连捷、取得丰硕成果的同时，一些深层次、高难度的问题也随之而来。

时间紧、任务重，没有半点退路和弹性。如何在决战决胜脱贫攻坚冲刺阶段发现并解决问题，贵州有明确的路径与方法——

上下联动抓好问题整改，针对脱贫攻坚成效考核、挂牌督战、巡视巡察、审计等各种渠道查找、发现的问题，建立部门和地方“双台账”，压实“双责任”，问题整改实行“双销号”，完不成任务实行“双问责”，确保责任层层压实、任务件件落实。

建立双台账，压实双责任

“通过组织系统挂牌督战，责任压得更实了，我们的攻坚打法也更精准了！”榕江县委组织部副部长、县挂牌督战第三分队队长梁厚波说。

2020年以来，黔东南州组织系统采取“三级联动、统筹力量、共督共建”的方式，开展全覆盖挂牌督战，组建州委组织部挂牌督战队，下设

13个督战分队，建立组织部门问题台账和州、县业务部门问题台账，及时反馈、移交问题清单。涉及组织部门的问题台账，由州、县（市）组织部门联动抓好整改，按期销号；对不涉及组织部门主责主业的问题台账，转交相关业务部门督促整改，严格落实问题整改“每旬调度”制。

紧盯脱贫攻坚目标任务，贵州坚持问题导向、目标导向、结果导向，建立地方和部门“双台账”，压实“双责任”，多管齐下提升脱贫攻坚精准管理水平，通过对各项扶贫工作的动态管理，确保帮扶工作有的放矢。

黔西南州整合州、县力量，抽调精兵强将，成立“尖刀团”“尖刀班”，聚焦攻坚难点，聚焦问题整改，建立问题台账，压实县乡责任和行业部门责任，坚决扫除决战障碍。

纳雍县在教育、医疗、住房、饮水四类保障基本补齐的基础上，进一步开展大筛查、大遍访、大整改，对各级督战和群众反映的问题建立“双台账”、压实“双责任”，确保问题逐一研判、逐个化解。

思南县坚持及时对查找出的问题进行分析研判，分级分类建立问题清单、整改清单，并反馈到对应单位，确保责任链条不断、问题整改不乱。

翻开一本本台账，例行入户走访、交叉互查、暗访反馈等发现的问题整齐罗列。各级党组织和相关行业部门正铆足干劲与时间赛跑，精准制定解决方案，推动问题台账事事有回应、件件有落实。

整改双销号，任务双清零

“从今年开展的农村饮水安全挂牌督战和对全省所有贫困人口开展的饮水安全普查情况来看，目前全省已总体上实现了农村饮水安全。”7月28日上午，贵州省水利厅一级巡视员鲁红卫做客省人民政府网访谈节目，分享了这一喜讯。

通过开展饮水安全大普查，省水利厅建立了贫困户饮水安全台账、农村饮水安全项目及管护责任落实台账、问题整改台账和资金使用管理台账4本台账，确保普查对象不重不漏、登记信息准确完整、原始数据真实可信。

不仅要让农村群众喝上稳定水、干净水、放心水，还要不漏一户、不落一人。为此，贵州省水利厅定点工作队紧盯问题台账，逐项对照整改销号。截至目前，全省已整改各类农村饮水安全问题2万余个，实现了6月底前全面完成脱贫攻坚农村饮水安全扫尾工作任务的目标。

七星关区定点督战队充分运用部门工作专长，真督实查、共同作战、跟踪问效，全力补齐脱贫攻坚短板，确保反馈问题真改实改、改出成效，高质量完成问题整改“双销号”工作目标。截至6月11日，七星关区录入系统问题总数456个，整改完成449个，已销号435个。

围绕脱贫标准及问题短板，贵州实行清单式安排、清单式调度、清单式销号，将各项任务目标细化到村、量化到人，明确任务量、完成时限、质量要求，通过压实地方和部门“双责任”，督促村级作战队和村干部倒排工期、挂图作战，确保任务清单“双清零”，问题整改“双销号”。

实行双问责，确保双落实

针对挂牌督战识别出的问题台账，全省各级纪检监察机关强化政治监督，坚持把全面从严治党要求贯穿脱贫攻坚全过程，切实抓好监督检查，严格实行“双问责”。

安顺市纪检监察机关立足职能职责，加强对问题整改工作全过程监督，通过建立问题台账，制定责任清单，实现监督“一本账”、履责“一清单”，压紧压实各级党委政府主体责任、领导干部包保责任、部门监管责任、干部帮扶责任，强化脱贫攻坚监督检查。

六盘水市履行监督首责，在精准和规范上下功夫，形成了每个单位、乡镇对应1份监督清单4个工作台账的监督模式。清单式监督、台账化管理，不仅使监督工作更加规范、精准，而且使监督工作得以量化，为考核评价提供了有力支撑。

沿河自治县严格实行“双问责”制度，确保部门和地方责任落实到位。截至目前，该县已追责问责1350人，其中，党纪政务处分115人，诫勉谈话97人，通报批评830人，批评教育136人，谈话提醒152人，书面检讨13人，组织调整7人。

找准工作抓手，各级纪检监察机关切实提高监督的针对性、实效性，把坚决整治扶贫领域腐败和作风问题作为重中之重，以“专”起来抓监督的实际效果回应群众关切。

通过“双问责”，地方主体责任和部门帮扶责任得到进一步强化，有效改变了过去由于工作责任不明确而导致的问题、状况，构建起责任清晰、各负其责、合力攻坚的责任体系，确保最后冲刺的措施真正落地、问题真正解决，助力脱贫攻坚不断创佳绩、结硕果。

撰稿：华　姝

评　论

责任层层压实　任务件件落实

双台账、双责任、双销号、双问责，脱贫攻坚“贵州战法”确保脱贫攻坚责任压实、任务落实。

围绕“扶贫工作必须务实，脱贫过程必须扎实，脱贫结果必须真实”的责任要求，全省各级党组织和广大党员干部真抓实干、埋头苦干，压实责任谋打赢，靶向精准拔穷根。

在知重负重中矢志前行。当前正是决战决胜脱贫攻坚的关键时刻，全省各级党组织和广大党员干部以高度的政治责任感和历史使命感，瞄准最后的“硬骨头”，纵深推进脱贫攻坚各项工作，在压紧压实脱贫攻坚主体责任上下功夫，在抓好专项巡视巡察问题整改上下功夫，通过层层传导压力，推动形成一级抓一级、层层抓落实的生动局面，汇聚起脱贫攻坚的强大合力。

在苦干实干中明晰责任。省委、省政府担起“省负总责”的政治责任，建立健全横向到边、纵向到底的责任体系；区、县党政主要负责同志把主体责任、第一责任扛在肩上、落到实处；乡村两级抓好抓实项目到村、资金到户、措施到人。五级书记齐抓共管，构建职责清晰、合力攻坚的责任体系，进一步压实了地方的主体责任和部门的帮扶责任。

在坚决打赢中锤炼作风。推进脱贫攻坚，落实责任到人。各级纪检监察机关持续深化扶贫领域腐败和作风问题专项治理，强化监督执纪，聚焦巡视巡察发现的问题，及时列出整改清单并督促相关部门整改落实，切实把脱贫攻坚的监督责任扛稳、抓牢、做实。

脱贫攻坚越往后，越需要各级党组织和广大党员干部当好责任人，耕好责任田，为人民而战，与贫困抗争，用苦干实干诠释对党的忠诚，确保脱贫成效获得群众认可，经得起实践和历史的检验。

撰稿：付　松

锤炼作风：兴“三风”纠“四风”

关键时刻冲得上去，危难关头豁得出来。

决战决胜脱贫攻坚，贵州持续锤炼干部作风、提升打赢本领，全面推行“五步工作法”，广泛倡导抓具体抓深入，大兴“三风”、狠纠“四风”，大力开展形式主义、官僚主义的集中整治，各级党员干部在脱贫攻坚战场上主动担当作为，更加苦干实干，持续狠抓落实——

决战“两江”，“从榕”出列。2019年至今，从江、榕江两县业务指导组组长杨检白天走村进户、问需于民，晚上梳理问题、精准施策。

离休不离岗。黎平县65岁的公安干警李含国勇挑洪州镇江口村党支部书记重任。4年来，他强基础、建机制、兴产业，让村民变社员、成“股民”、当老板，走上增收致富路。

……

作风过硬，方法精准，举措有力。一个个困难得以克服，一个个问题得以解决，一个个瓶颈得以突破，决胜脱贫攻坚成效显著、捷报频传。

强作风，敢于较真碰硬

连日来，榕江县保持攻坚方向不变、力度不减、劲头不松，对照目标任务全面查缺补漏，坚持立查立改、边查边改。全县驻村党员干部紧盯脱贫攻坚领域难点痛点，主动上门开展服务，着力解决群众操心事、烦心事。

脱贫攻坚工作开展到哪里，全面从严治党就覆盖到哪里，监督执纪问责就跟进到哪里。沿河自治县组织纪检监察干部深入产业基地和扶贫车间，通过现场访谈、实地查看等方式，全程跟进产业监督检查和了解扶贫政策落实情况，倾听群众诉求，多方探访民情，推动各项工作在一线落细落实。

确保高质量、打好收官战，必须保持过硬作风。全省各地大兴调查研究之风、真抓实干之风、勤俭节约之风，党员干部扑下身子，迈开步子，开出方子，以较真促认真，以碰硬求过硬，啃掉最硬的骨头，攻克最后的堡垒，把每一分扶贫资金都用在刀刃上，用在产业发展紧要处，把每一个骨干力量都用在关键点，体现人民至上的理念，赢得广大群众的信任。

兴“三风”蔚然成风，纠“四风”成效斐然。

2016年至2019年，全省查处享乐主义、奢靡之风问题总数从1914起逐年下降至1474起，而其中隐形变异问题数的占比却从3.5%逐年上升至11.4%；2020年上半年，我省共查处形式主义、官僚主义问题1048起，处理1253人，党纪政务处分869人，比2019年同期分别增长43.4%、41.6%、22.2%；查处享乐主义、奢靡之风问题450起，处理523人，党纪政务处分439人，比2019年同期分别下降25.5%、35.1%、31.8%。

一组组数据，形成了鲜明的对比，凸显了鲜明的态度，传递了鲜明的导向:全省违纪行为发生率逐年下降，干部作风持续向好发展，作风建设永远在路上。

讲方法，力求具体深入

想干事，还得会干事。方法正确，方能事半功倍。

2017年，贵州从聚焦目标任务、工作重点、能力提升、落地见效、结果运用5个方面，制定了14条具体措施，全面推行政策设计、工作部署、干部培训、监督检查、追责问责“五步工作法”，进一步提升抓党建促脱贫攻坚工作质量。

一分部署，九分落实。

“培训让我认识到技术人才的重要性。”麻江县谷硐镇兰山村第一书记杜传华说，兰山村是深度贫困村，通过参加干部培训后，他重新制订发展规划，把“技术引进来”和“产品走出去”有效结合起来，发展壮大产业，带领全村走出困境。

“有时候，我也觉得整日忙忙碌碌，工作抓不到要领，省委推行‘五步工作法’，解答了我很多疑问。”关岭自治县岗乌镇丙坝村党支部书记明承怀说。

“五步工作法”在全省全面实施，得到基层干部广泛认可，成为按时高质量打赢脱贫攻坚战的有力举措。

按照省委关于“让抓具体抓深入在贵州大地蔚然成风”的指示要求，我省将2019年确定为全省政府系统深化落实年，广大党员干部活学活用、大力拓展“五步工作法”，着力打造精准抓落实的闭环工作链条，形成狠抓落实的良好精神状态、思维方式、工作方法和工作作风。各级党组织把“五步工作法”贯穿脱贫攻坚工作中，大力弘扬“团结奋进、拼搏创新、苦干实干、后发赶超”的新时代贵州精神。各级干部在脱贫攻坚一线谋划工作、破解难题，推动工作不断前进。全省各地营造起浓厚的干事创业氛围。

马上就办、办要办成。优良的作风，成为破解难题的保障之举，也成为推动工作的力量之源。

重激励，强化责任担当

作为全省驻村时间最长的扶贫干部，杨波2010年来到六盘水市钟山区大湾镇海嘎村，11年来，海嘎村的变化翻天覆地，杨波也从一名普通工作人员逐级提拔为正科级干部。

“尽管当初来驻村并不是为了提拔，但这是组织对我的关心和培养，也是对我驻村工作的认可。”杨波坦言。

“对在脱贫攻坚一线的基层干部要关心爱护，各方面素质好、条件具备的要提拔使用，同时要鼓励年轻干部到脱贫攻坚一线去历练。”贵州把脱贫攻坚战场当作党员干部“练兵场”，先后出台《关于进一步激励广大干部新时代新担当新作为的实施意见》《鼓励支持有关人员到贫困地区领创龙头企业或合作社助力按时高质量打赢脱贫攻坚战的实施方案》等制度，从政策待遇、工作环境、激励措施等方面入手，建立干部关怀机制，让脱贫一线干部在政治上有盼头、工作上有劲头、生活上有奔头，在实践中增长才干，在解决问题中提升服务群众的能力。

黔东南州从脱贫县选拔19位优秀乡镇党委书记，提拔为副处级干部，直接分派到从江县的19个乡镇、街道担任第一书记，成为本乡镇、街道脱贫攻坚第一责任人。

铜仁市把严格落实脱贫攻坚一线干部“1+5”激励关怀体系作为监督主要内容，从政治教育、选拔任用、纠错容错、激励褒奖、关键少数五个方面落实激励措施。

干部在前线，关爱到一线。一条条温暖人心的政策措施切实为一线党员干部解决了实际困难、解除了后顾之忧。

五级书记抓脱贫，5万干部下基层，大家吃住在村，真蹲实驻、真帮实促，凝聚起决胜的力量，彰显了打赢的意志，坚定了必胜的信心。

撰稿：孙　惠

评　论

让抓具体抓深入蔚然成风

兴“三风”、纠“四风”、践“五法”，脱贫攻坚“贵州战法”让抓具体抓深入在贵州大地蔚然成风，为高质量打好脱贫攻坚收官战提供了坚强保障。

高质量打好脱贫攻坚战，关键在人，关键在广大党员干部的观念、能力和作风。

这是检验党性的“试金石”。脱贫一线的党员干部是党的创新理论的忠实践行者、方针路线的坚决执行者、政策原则的坚定维护者，全省各地通过推动党的作风建设常态化、长效化、具体化，倒逼党员干部进一步转变作风，与松劲懈怠的思想情绪作斗争，更加具体深入抓好各项工作，让干部用脱贫攻坚、全面小康的优异成绩践行初心使命、诠释对党忠诚。

这是提升本领的“大课堂”。广大党员干部持续抓具体抓深入，推进实施“五步工作法”，坚持“干什么学什么”“缺什么补什么”的原则，强化提高自身专业素质、学习能力和服务水平，真正实现知识过硬、技术过硬、作风过硬，使之成为一支懂扶贫、会帮扶、素质高、能力强、技术硬的“精准化”干部队伍。

这是选拔干部的“赛马场”。脱贫攻坚干部处在基层一线，直接面对群众，一言一行都代表党和政府的形象。我们要及时掌握扶贫干部思想动态、工作状态和现实表现，把脱贫攻坚实绩作为选拔任用干部的重要依据，着重在脱贫攻坚一线考察识别干部，激励党员干部到脱贫攻坚战场上大显身手，让其感受到“有为才有位”的压力，激发其“有位更要为”的热情，着力培养锻造一支具有铁一般信仰、铁一般意志、铁一般纪律、铁一般担当的高素质攻坚队伍。

惟其艰难，才更显勇毅；惟其笃行，才弥足珍贵。让我们继续保持永不懈怠的精神状态和一往无前的奋斗姿态，以坚如磐石的信心、只争朝夕的劲头、坚韧不拔的毅力，一鼓作气、乘势而上，确保高质量、打好收官战。

撰稿：付　松

合力攻坚：山风海韵涌大潮

山高水长情相牵，隔山隔水不隔心。

贵州广泛凝聚攻坚强大合力，持续深化东西部扶贫协作，主动对接中央单位定点帮扶，大力推广教育医疗“组团式”帮扶，扎实用好统一战线帮扶毕节、澳门帮扶从江等各方力量，深入开展国有企业“百企帮百村”、民营企业“千企帮千村”，形成了各界倾力支援、干群携手攻坚的生动局面。

一时间，说粤语的各行老板、讲吴语的党员干部、一口胶辽话的老师医生，都一头扎进贵州最深的山、最偏的村，带着充足的资金、实用的技术、先进的理念和攻克贫困堡垒的决心，与贵州干部群众一起战贫斗困。

东部省市对口帮：纵深推进、携手战贫

沿着中国海岸线由北至南——大连、青岛、苏州、上海、杭州、宁波、广州，7个沿海城市分别与贵州六盘水、安顺、铜仁、遵义、黔东南州、黔西南州、毕节市和黔南州结下了深厚友谊。

产业扶贫是脱贫攻坚的根本之策。对口帮扶贵州的7座城市都拥有较大

消费市场，帮助贵州发展产业、助力“黔货出山”，是对口帮扶中的重点。

惠水县好花红佛手瓜基地、普定县民投润丰蔬菜基地、威宁自治县同心弘盛蔬菜基地……这些基地出产的美味山珍只需约30小时就可抵达上海西郊国际农产品交易中心。该中心是“黔菜入沪”的“桥头堡”，目前在贵州已经合作建设11个扶贫基地、6个外延基地。

帮扶城市推动党员干部、医生教师、企业老板“走进来”，在贵州大地谱写了山海情深、携手战贫的动人篇章。

本科率79%——这是台江县民族中学今年交出的高考成绩单，而四年前，这所学校本科率仅有10%。改变，就是从杭州的陈立群校长来到台江县那天开始的……

据统计，2013年以来，东部帮扶城市向贵州投入财政帮扶资金逐年增长，累计达121.97亿元。

脱贫攻坚进入收官之年，东西部扶贫协作工作纵深推进，正通过“东部企业+贵州资源”“东部市场+贵州产品”“东部总部+贵州基地”“东部研发+贵州制造”等模式，在更宽领域、更深层次、更高水平实现互利共赢。

统一战线定点帮：突出优势、精准发力

威宁自治县雪榕生物科技有限公司是一家生产食用菌的企业，目前年产值近5亿元，帮助2500余人就业。选择在威宁建厂，因为这里海拔较高、地势较平，夏日气候凉爽，企业依靠自然气候可节约成本。

为威宁自治县和雪榕生物科技有限公司牵线搭桥的是九三学社中央。自九三学社中央定点帮扶威宁以来，通过引入龙头企业、壮大生产基地，重点帮助威宁发展食用菌、中药材等产业。

与此类似，去年经农工党江苏省委牵线，以小龙虾闻名的江苏省盱眙县的专家来到毕节市大方县新田村。如今，当地建起了100亩水田小龙虾养殖基地。

致公党为毕节量身打造“乡村振兴战略专题培训班”，台盟支持赫章县15个村卫生室建设，民革不断助力“黔货出山”，民盟协调七星关区扶贫草莓大棚和青少年宫建设……

统一战线在党的领导下继续支持毕节试验区改革发展，在坚持和发展中国特色社会主义实践中不断发挥好中国共产党领导的多党合作的制度优势。

在黔东南州从江县，也有一支助力脱贫的特殊队伍。2018年，澳门特别行政区政府、中央政府驻澳门联络办公室与贵州省人民政府签署首批9项帮扶协议，正式开启澳门对从江的帮扶。

帮扶工作启动以来，澳门特首到从江进行实地考察，澳门社会各界人士积极参与，开展多种形式帮扶，帮助贵州培训旅游人才，组织澳门同胞到从江旅游，积极帮助销售农副产品。许多爱心人士也到从江进行捐资助学、扶贫济困。

国企民企齐上阵：践行责任、发展共赢

98天，是广药集团帮助贵州将刺梨开发成“刺柠吉”系列产品的时

间。78天，是越秀集团帮助贵州将核桃开发成核桃乳并进入粤港澳大湾区市场的时间。

在贵州脱贫攻坚战场上，活跃着国有企业和民营企业战斗的身影。

万达集团在黔东南州丹寨县打造的万达小镇已经运营3年，省内外游客慕名而来。万达还帮助当地建设职业技术学院，设立产业扶贫基金，帮助丹寨获得“造血功能”，最终摆脱贫困。

与万达小镇遥相呼应，恒大集团在毕节市大方县打造的奢香古镇被打造成集旅游、娱乐、餐饮、购物为一体的文化旅游综合体，如今已成为国家4A级旅游景区。

企业助力贵州脱贫的方式多种多样。“饿了么”外卖平台在榕江县开了一场“饿了么蓝骑士现场招聘会”，将当地有就业能力的贫困户介绍到大城市当“外卖小哥”。阿里巴巴在铜仁万山区启动“AI豆计划”，在贫困地区培训相关职业人才、孵化社会企业，让贫困群众实现在家门口就业脱贫。

在帮扶过程中，企业也在贵州找到了更多商机。开发出刺柠吉的广药集团已经在围绕刺梨做更大文章，而越秀集团则围绕农牧一体化项目和产教融合帮扶项目与贵州达成了诸多合作。

发展共赢，让企业在践行社会责任的同时，也找到做大做强的机会，激发企业和帮扶地区可持续增长的新动能。

撰稿：李薛霏

评 论

携手聚力战必胜

集中力量办大事，是中国共产党领导的政治优势和中国特色社会主义的制度优势，脱贫攻坚“贵州战法”广泛凝聚攻坚强大合力，为决战决胜注入了强劲动力。

贵州是全国脱贫攻坚的主战场，向贫困宣战，何其艰难!打赢这场仗，彻底撕掉千百年来绝对贫困的标签，不仅要自身给力，还需要向外借力。贵州持续深化东西部扶贫协作，用好中央单位和统一战线帮扶力量，动员企业和社会力量广泛参与，为脱贫攻坚集聚千里奔涌、万壑归流的伟力。帮扶各方真金白银、真情实意、鼎力支持，从资金、项目、人才等各方面助力给力，一大批帮扶干部扎根贵州，一大批合作项目迅速落地，帮扶工作取得实实在在的成效，勾勒出一幅凝聚合力、携手战贫的壮丽图景。

凝聚合力携手战贫，不仅是经济和物质层面。从中央单位、统一战线帮扶干部、我省广大企业到“广东老师”“浙江医生”“江苏老板”……帮扶力量整合聚力，以先发优势促后发优势、以外部带动促内部动力，不仅可以缩短发展差距，更激活了贫困地区内生动力，进而奋起直追、奋力争先。

凝聚合力携手战贫，不只是单方面的给予和帮助。只有积极协作、主动对接，进一步梳理好“对方能及”和“我方所需”，把双方的需求搞准弄透，具体深入研究项目、落实项目，做到精诚合作、共同发力，才能实现良性互动、取得更大成效。

栽好梧桐树，引得凤来栖。抓实“东部企业+贵州资源”“东部市场+贵州产品”“东部总部+贵州基地”“东部研发+贵州制造”等模式，让帮扶力量中的先进技术、产业、资本等在贵州大地生根发芽、开花结果，东西部扶贫协作正向着更精准、更深入、更务实的方向迈进。

撰稿：许邵庭

第三章

英雄儿女

黄大发：绝壁天渠映初心

群山如黛，渠响如歌。

遵义市播州区平正乡团结村草王坝如今已是远近闻名的“好地方”，漂亮的黔北民居房前屋后挂满高粱、辣椒，地里蔬果、方竹笋、中药材喜人的长势一样赛过一样，百姓生活甜蜜滋润。

这一切，与老支书黄大发不认输的干劲息息相关。20世纪五六十年代，为了让村里人吃上白米饭，青年黄大发带领大伙儿，历时36年，用铁锤和钢钎，千辛万苦，在悬崖峭壁上凿出一条9400米长的生命渠。

黄大发从小父母双亡，吃着村里“百家饭”长大。1958年，朴实刚毅、敢想敢干的黄大发，被推选为草王坝大队大队长。

彼时的草王坝，不通水、不通电、不通路，缺水问题尤其严重，乡亲们要步行几个小时到河里背水吃。没有水灌溉，地里种不出好庄稼，再勤劳的人家，一年四季也可能吃不饱饭。

“水，对草王坝来说是救命的东西。”经过多次实地探勘，黄大发发现螺丝河是理想水源，但螺丝河与草王坝相隔三重大山。

“算了，隔这么远，水不可能过得来。”看着眼前的大难题，村里人曾劝他放弃。

“我一定要把螺丝河水引过来，让大家喝上干净水、吃上白米饭。”黄大发许下承诺，打定了主意。

开弓没有回头箭。从20世纪60年代初开始，黄大发带着村民们攀岩走壁，靠原始方式确定等高线，用钢钎、铁锤打通了116米长的隧道。经过13年的艰难施工，渠倒是完工了，但由于工程缺乏技术指导，沟渠落差不准，水还是没能流进草王坝，村里人更灰心了。

“草王坝能通水，我用手掌心煎蛋吃。”水没引成，却引来了村民的一片质疑声。

“哪怕用命去换，我也一定要把渠修通。”黄大发不服气，更不放弃。

1990年，水渠工程立项，摆在黄大发面前的第一道难关就是如何凑钱。按照当时的政策，修建这样的工程，国家补助材料、匹配一定资金，村民要投工投劳，须自筹部分资金。算下来，全村900多人，要凑1.3万元。

“那时候，村民的年人均纯收入仅为80元。他召开村民大会，提出每家每户凑钱的情况，作为村支书，他率先拿出100元。”村民杨春友回忆，草王坝人的所有干劲似乎就是在那一夜被点燃，有的村民就外出借钱，有的把家里的存粮拿到附近集市卖了换钱。

仅仅三天时间，1.3万元全部凑齐。

1992年正月初三，水渠开工。黄大发冒着大雪，扛着钢钎，带着几百人的队伍往山上赶。

“每20米水渠被确定为一个桩号，每个桩号按照施工难易程度确定不同数量的人工，每个家庭按照土地多少确定要投劳的人工。”一步步精心部署，这次动工，黄大发信心满满，绝不能有失。

一诺成渠！

1994年，水渠的主渠贯通。

当清澈的渠水哗啦啦流进草王坝，流进了干旱已久的坡地，黄大发躲在一个角落里，哭了。

“这水，真甜呀！”一捧渠水混着两行热泪，所有的艰辛都在此刻化为了甘甜，黄大发兑现了当初的承诺。1995年，一条跨3个村、10余个村民组，主渠长7200米、支渠长2200米的水渠终于完工，乡亲们都管它叫“大发渠”。

2017年，中央宣传部向全社会发布“当代愚公”黄大发的先进事迹，并授予黄大发“时代楷模”荣誉称号。

“我还要为党干点实事！一直干到死的那天。我们共产党员要奋斗终身，要干一辈子革命！一切工作，都为党，都为人民干实事！”从20岁的热血青年到84岁的耄耋老人，黄大发初心未移。

为打赢脱贫攻坚战，实施乡村振兴战略，黄大发主动响应省里号召，走乡串户积极宣传党的政策，与村民促膝谈心，让500亩精品黄桃和有机蔬菜在团结村全面铺开，5400头猪仔、1000箱中华蜂让村里人找到了致富门路，村民收入持续增加，脱贫致富目标逐步实现。

如今，草王坝还建成了“大发渠党性教育陈列馆”，黄大发家的老房子成为“党代表工作室”，各地前来参观学习的人络绎不绝。每天的两堂党课，黄大发老支书总是准备得妥妥当当，声音洪亮，目光如炬，他身上散发的光与热不断感染着旁人，激励着一代又一代的青年苦干、实干、拼命干。

撰稿：黄　霞

文朝荣：留给后世一座绿色银行

乌蒙深处的毕节市赫章县海雀村，平均海拔2300多米，山寒水冷。20世纪80年代，这里森林覆盖率不到5%，荒山秃岭，水打沙壅，百姓一年没有半年粮。1985年6月2日，反映海雀村极度贫困的新华社内参送到了时任中央政治局委员、书记处书记习仲勋同志的案头，习仲勋同志当即作出重要批示。随后，在贵州省委等各级各部门的关心下，村支书文朝荣带领全村彝、苗百姓，开始了一场绝地突围、重建秀美山川的伟大战斗。

海雀村拉开决战贫困的大幕，是从种树开始。

1986年春天的海雀村，山上一棵像样的树也没有。“只要山上有树，就可以把风沙挡住，山上有林就能保山下，有林才有草，有草就能养牲口，有牲口就有肥，有肥就有粮。”深感造林意义重大的文朝荣，迅速召开党支部会、村民代表大会等思想动员会，动员村民们种树，村民思想不通，村支部领头做给大家看。

在群众思想基本统一后，缺树苗这一个难题困住了文朝荣。为了找到苗木，他每天早早地起床，一边向乡里汇报，一边往周边的村子和乡镇跑找树苗。1987年初冬，林业部门免费提供给海雀村100亩华山松苗，村委自力更生培育了35亩苗圃。这一年的冬天，文朝荣带领全村200多名青壮年顶风冒寒，背着洋芋上山当午饭，开始了海雀村植树造林，绿化荒山的壮举。

经过1987年以来十多个冬春的艰苦奋战，加上2002年退耕还林的一千多亩山林，目前，海雀村共有林地达1.34万亩，户均65亩，人均14.3亩，退耕还林143户共1120亩。据估算，海雀村的万亩林场，经济价值达4000多万元，人均近4万元，实现了生态效益与经济效益的良性互动，青山变成了村民的绿色银行。

在带领大家饿着肚子种下千秋树的同时，文朝荣一刻也没敢忘记这些年海雀人那些吃不饱穿不暖的苦日子。

海雀村地处高寒地带，主要农作物是荞麦和洋芋，种的玉米苗因为肥力欠缺，长得又矮又小。1990年，为了使村民们尽快走出贫困，文朝荣下山来到农技站，在农技站的墙壁上看到了白刷刷的四个大字："科技兴粮"，一间屋子里堆着一捆捆像胶纸一样的东西。农技人员告诉他，那胶纸就是地膜，要让海雀村长出大苞谷。

这年春天，在海雀村破天荒出现了白色地膜，村民们围拢来看稀奇。文朝荣借机向村民们大讲科技兴粮的好处，村民们表示怀疑，地都被胶纸蒙住了，还能长出庄稼？秋收时节，他的地膜苞谷长得又粗又大，全村各寨的老老小小看得眼睛发亮，使用地膜覆盖种植，竟然能增加好几倍的产量。

之后，文朝荣根据海雀海拔高、土地瘦薄的特点，以科技兴农为先导，积极推广地膜苞谷与种绿肥，大力发展粮食生产。1994年，全村粮食总产创历史最高水平，达到14.46万公斤。是十年前粮食总量的两倍多，人均占有粮203.5公斤。

山变绿了，温饱解决了，可见过世面的文朝荣没有满足。他心里琢磨着，海雀村过去穷，除了地势高寒，土地贫瘠等自然因素外，最关键的原因在于全村人缺文化，思想观念落后，耕作方式原始，搞发展放不开手脚。

“治穷要先治愚。”好好办个小学，培养更多孩子读上初中乃至更高的学校，是文朝荣平生最大的心愿。1988年一个秋天的早晨，文朝荣心情激动地在村民大会上说:“我们要好好为我们村的孩子们盖一所学校，不能再让他们像我们这一代一样，进城连个厕所都找不到……”

在文朝荣的努力下，帮扶赫章县的台盟中央和地方政府共同投资46万元，为海雀村建起了一栋8间校舍的教学楼，办学能力从3个年级升到了6个年级，不仅解决了整村儿童入学难的问题，也吸纳了邻近村的部分儿童到海雀小学读书。目前，村里最美的地方是学校，村里还成立了教育基金，考上大学有奖励，读职校都可以申请无息贷款。

2014年2月11日，海雀村下着漫天大雪。患上癌症的老支书文朝荣在弥留之际，把两个儿子叫到身边，挣扎着从病床上坐起来，紧紧握住二儿子文正友的手，大哭着说:“儿啊，我不想死，我想活下来，2020年实现小康，我真想看见那一天。儿啊，如果我走了，到那一天，你一定要多放鞭炮把我震醒，我要看看海雀的小康……”

撰稿：王维维

邓迎香：13年凿山挖洞开出“志气路”

一个只有小学文化的农村妇女，带着几十户村民，开山凿石，前后历经13年，誓把大山凿穿，开出了一条216米的“致富隧道”。5年间，她带着村民发展产业，使曾经闭塞的贫困村面貌一新。

她就是当代“女愚公”，一个敢于抡起铁锤开挖隧道的女人，一个带领麻怀脱贫致富的普通妇女——贵州省罗甸县沫阳镇麻怀村党支部书记邓迎香。

历经艰难志愈坚。邓迎香是第一个从外乡嫁到麻怀村的姑娘。麻怀村田少土多，逢年过节才能吃上米，平时只有硬硬的苞谷饭做主食。

贫穷吓不倒邓迎香。但日子越久，邓迎香也会望山兴叹。

曾几何时，种出的蔬菜汗流浃背背到集市时，早蔫了，只能贱卖。村民家里的牛马，在翻山去耕地时，不小心就会摔下山。孩子们苦，天不亮就起床赶路，到邻村读书，来回4个小时的翻山路。

1998年，国家实施农村电网建设，很多村寨通了电，麻怀村却因为山高路险，电线杆子和变压器运不进来，用不上电。

这时，村里决定顺着村南面的溶洞凿一条隧道。

“麻怀村一定要开山通路!”这时的邓迎香虽是普通村民，却有着比任何人都强的决心。

在低矮狭窄的溶洞里，大家点着蜡烛，用最原始的方法一锤一镐砍山凿石。有村民灰心，想停下来不干了。邓迎香虽然自己双手磨出了血泡，但她总是鼓励乡亲们“宁可慢慢做也不要停，只要我们不放弃，总有凿通的时候”。

愚公壮举感动各方。2001年农历正月，经过两年多的努力，隧洞基本打通，电线杆顺利抬进村，麻怀村终于通了电。当村里第一次亮起电灯，邓迎香顿时热泪盈眶。

虽然隧洞已经打通，却只能勉强过人。于是，邓迎香决定发动村子的群众继续修路。但是并没有得到多少支持。

“我搬不动这座大山，我也要凿出一条路来！一条致富的路！”坚定的邓迎香丢下这句话就走了。从那天以后，她一个人带着大锤、钢钎、锄头，来到隧道口自己打凿。虽然工程进度比她想象的要慢得多，困难也要大得多，但是她一直没有放弃。

她的执着和坚毅，感动了村干部，得到了群众的肯定，逐渐有人前来参与打隧道。半年过后，麻怀村有27户村民先后参加进来。

消息越传越广，“农村妇女凿隧道”的壮举，震动了大山，也打动了很多人的心。越来越多的力量加入了邓迎香的队伍：县民族宗教事务局资助5万元，水利局给20吨水泥，已经远嫁外省的女儿李琼拿出1万元。5个在县城开货车的麻怀人赶来无偿拉渣土……麻怀全村的劳力都调动起来了，总共400多人。

2011年8月16日，一条连接山内外，长213米，宽、高都有四五米的穿山隧道全线贯通，麻怀村第一次开进了汽车。

隧道拉通幸福 “小康路”。隧道修通几年时间，村子里就发生了翻天覆地的变化。村子里有了37辆汽车，95%以上的农户有了摩托车，100%的人用上了手机。

2014年，通过无记名投票，邓迎香当选为村委会主任。邓迎香说动了几个村里的“能人”，办起了麻怀村第一个种植合作社，在村里发展起了铁皮石斛、岩黄连等名贵中草药的种植。麻怀村的人均年纯收入从2009年的1500元变成了2015年的8100多元。

2016年，村里280多名外出打工的青壮年，有100多人决定留下。邓鹏外出打工多年回来，准备发展养猪产业。袁端胜买了车，回到家发展种植业。

2017年，邓迎香带领麻怀村的村民，依托打造中国天眼乡村振兴示范区的机遇，发展乡村旅游，还开了不少农家乐。

以邓迎香为代表的麻怀村干部带领群众凿开石洞修公路的事迹，成了罗甸县继“大关精神”之后，又一面自力更生、坚忍不拔地“反贫困、奔小康”的精神旗帜。邓迎香的事迹传遍全国，她获得了全国第四届消除贫困感动奖、全国三八红旗手标兵等殊荣。曾经与世隔绝而贫困的麻怀村，如今凿开石洞，全村百姓踏着脱贫攻坚的鼓点，奔向幸福美满的小康生活。

撰稿：王淑宜

姜仕坤：把老百姓扛在心坎上的“农民县委书记”

坐在农民群众中，很难看出是位县委书记，大家都叫他“农民县委书记”，这是许多晴隆百姓对姜仕坤的称呼。

2016年深秋，晴隆山下，二十四道拐旁熊熊燃烧的篝火，寄托了晴隆百姓对一位在晴隆耕耘六载的“农民县委书记”的怀念。

姜仕坤，晴隆县原县委书记，因心脏病突发抢救无效，生命止于2016年4月12日，年仅46岁。

脱贫攻坚，这个时代重任，时刻考验着贵州各级党员干部。

初到晴隆的姜仕坤面临的严峻现实是，30余万人口中，接近三分之一生活在贫困线以下。

2010年春节前，姜仕坤被任命为晴隆县代理县长。在大田乡董箐村调研时，走访人家基本是家徒四壁，在最后一家时，看到屋子里除了显眼的半边锅，再没像样的家什，姜仕坤流泪了。含着泪，他从裤兜里摸出两百元钱，递给主人，轻轻地说：“去买口锅回来，先把年过了……”

姜仕坤清楚，在晴隆，这样的人家，肯定不是少数。他们的出路在哪里？姜仕坤常常陷入沉思。

在晴隆的许多地方，除了种草养羊，没有别的更好出路。

养羊是姜仕坤的大事业。在姜仕坤的茶几上，摆着一本《羊生产学》。

2012年、2013年，晴隆的冬天很冷。姜仕坤像个兽医，总往羊圈里钻、往羊群中站，羊身上多脏都能用手去摸，还问了给羊驱虫、免疫之类的一些兽医问题。他很关心养羊户如何让羊群过冬，总有人反映说羊被冻死了。姜仕坤通过走访发现，羊不是被冻死的，而是被饿死的。

回来后，姜仕坤就召集全县乡镇干部开会，自己就像一个技术人员，在台上给大家“上课”。

在扶贫领域著名的“晴隆模式”，便是以养羊为主要途径的脱贫致富之路。“晴隆模式”起初是一种较为粗放的养殖模式，晴隆县草地中心与农户“产权共享，利润分成”。姜仕坤经过与农户、企业负责人、政府职能部门进行广泛沟通后，认为只有把产权完全下放给农户，才能激发更大的养殖积极性。

于是，便有了现在“晴隆模式升级版”。农户拥有完全产权，县草地中心只提供服务；加大技术投入，繁育拥有自主知识产权的“晴隆羊”。

“晴隆羊，领头羊。”在沙子镇三合村，“晴隆羊繁育中心”规模甚大，从门前向外望去，养羊的皇竹草郁郁葱葱。

附近村民蒋丽一家四口，以前住的是破瓦房，家庭年均收入只有5000元左右，是晴隆县精准脱贫帮扶对象。而今靠种植皇竹草，每亩可收入四五千元，另外还种植薏仁米，一年收入三四万元。

“晴隆羊繁育中心”是姜仕坤倾注大量心血的地方，中心工作人员都说，“姜书记是半个羊专家”，经常在此与工作人员探讨技术问题。姜仕坤希望从这里牵出去的“晴隆羊”，能为贫困百姓闯出一条长久的致富之路。

姜仕坤生长在农村，长期工作在基层，很清楚底层百姓的所思所虑，在他内心深处，帮助老百姓脱贫致富，是一份真诚的责任。按姜仕坤的设想，晴隆要想尽早实现脱贫目标，旅游产业必须搞起来。

作为二战期间滇缅公路的关键路段，晴隆二十四道拐早已名扬天下。但这段“历史的弯道”，很久以来并未对当地百姓的生活质量提升产生实质性影响。姜仕坤认定，二十四道拐景点必须深度开发，“旅游业是老百姓脱贫致富的主攻方向”。

而今，根据姜仕坤的设想，在晴隆山顶，一座集历史文化展示、体验、观景等功能为一体的观光台迎风而起。山下，“史迪威小镇”的异域风格甚是夺目，在此举办的汽车拉力赛以及各种民族文化活动，吸引着来自世界各地的观光者。

因为对工作的尽职尽责，以及对自己身体的“若无其事”。2016年4月9日，姜仕坤和同事一道，与一个旅游策划团队商讨方案。姜仕坤在会上表现出明显的倦意。散会后，同事问：“书记，你是对这个方案不满意，还是身体不舒服？”

姜仕坤可能并没有意识到自己病情的恶化。他没有正面回答同事询问，只说：“我这几天确实太累了！”

“他一路走来，走得辛苦，走得坦然。”姜仕坤的女儿田姗灵如此评价父亲的离去。

撰稿：岳　振

陈立群：杭州校长千里支教“无问西东”

2020年10月8日下午，杭州火车东站。杭州学军中学原校长、贵州台江民族中学终身名誉校长陈立群，站在北2出站口，不断向内张望。

陈立群来接站，是因为台江民族中学毕业生李玲玲要来杭州读大学。2020年高考，李玲玲如愿考上杭州医学院药学专业，能够到向往已久的校长家乡求学了。

然而，临到报到，李玲玲却发愁了。从小生活在台江下桃村，她只在小学时跟着外出打工的爸妈，去过一次广西，除此之外，从没离开过台江。

好在，国庆节前，陈立群到几位考上杭州高校的学生家中家访时，听到了玲玲的情况。陈立群立刻表态：校长正好要回杭州，可以来火车站接你去临安。

陈立群说：“2020年台江民中的毕业生，是我到台江民中支教后，亲手招进来的第一批学生，每一个都像我的孩子。”因此，他决定自己接站，再请爱人送玲玲去临安报到安顿。

不仅是李玲玲，在他的鼓励下，2020年台江民中共有十余名学生考入浙江工业大学等浙江高校。

一直把玲玲送到火车站出口，陈立群才停步。“安心读书，校长一定会来看你。有什么需要，你随时跟校长说。”

40余年来信仰坚定、潜心育人。2016年，陈立群退休后婉拒民办学校高薪聘请，远赴台江县义务支教，4年多来培养出一支优秀教师骨干队伍，办学质量大幅跃升。

从杭州到台江义务支教，选择背后，陈立群怀揣的仅仅是：“爱与责任”。

即将退休的陈立群，做出了一个让很多人不解的选择：到黔东南州台江县，成为这个国家扶贫开发工作重点县唯一的高中——台江民族中学的校长，义务支教。

启程离开时，面对90岁高龄的母亲，陈立群说：“儿这趟去贵州，不为功利，不求功德，只为心愿。”

“我自己从农村走出来，当了校长以后就有一个想法，那些跟我小时候所处的环境差不多情况的孩子，我要帮他们一把。”带着这样的心愿，陈立群来到了贵州。

刚到台江时，陈立群很吃惊：台江唯一的高中，全校每年辍学学生多达100多个，贫困家庭、留守儿童、问题学生占全校人数近一半。

面对这样的局面，陈立群下决心“破釜沉舟”——

唤醒老师积极性，教师队伍管理刚柔并济。严格教师出勤管理，甚至辞退了两名工作不力的高三教师。同时，着力解决教师待遇，陈立群捐出了自己国务院特殊津贴和杭州杰出人才奖奖金共计20多万元，设立“奖教金”，每年奖励教师9名，每人5000元。

引导提升孩子信心。陈立群接连制定十几项严格日常管理、规范教学的规章制度，用无形的缰绳把学生的心拉回教室。他还让学生亲手写下人生志向，共同种下志向树，种下对理想的追求与未来的规划。

对于陈立群来说，教育的思考与探索，纯粹而简单，“要走进孩子心里”。于是，支教期间，陈立群走访了100多名学生。

几经努力，陈立群资助学生家庭累计达10多万元，学校辍学现象基本消失。陈立群说，最远的孩子家，需要先开一个半小时车，再乘烧柴油小船45分钟，最后徒步半小时。

“给我百万，还不如看到一个贫困学生考上大学令我开心。”陈立群说，“我在浙江只能‘锦上添花’，在这却可以‘雪中送炭’。”

给孩子一点光亮，他还你一片天空。

2018年，台江县打破高考11年无600分以上“纪录”。2019年，台江民中一本线首次超100人。2020年，台江民中本科上线率从过去的10%提升至79%。

正如2019年9月9日，陈立群被中宣部授予“时代楷模”称号时说的那般：“作为一名教师，我们的快乐和幸福就在于，可以给孩子一双翅膀，让他们能够飞得更高。而这一双翅膀，就是我们的爱与责任。”

如今，陈立群卸任了，但他的精神却吸引了一批批年轻优秀教师为大山深处默默奉献。

杭州第四中学的蔡毛老师，将接任台江民中新一任校长。蔡毛说：“从千里之外的杭州来到秀美的台江，开展教育帮扶，深感责任重大。但我有决心履行好组团帮扶的职责，完成一名教师的职业使命。”

撰稿：曹　雯

余留芬：大山深处留芬芳

从落后到先进，从贫瘠到富裕，回首盘州市淤泥乡岩博村的发展历程，那是一段激情燃烧的岁月，那是一个不畏艰辛、努力拼搏的故事，那是一部波澜壮阔的奋斗史。

山乡巨变、物阜民丰，带领岩博实现这一变化的主心骨，就是岩博村党委书记余留芬。

地处乌蒙山深处的盘州市淤泥乡岩博村，曾经深受交通闭塞之苦，是典型的吃粮靠救济、穿衣靠救助、用钱靠贷款的“三靠村”。

1988年，余留芬嫁到岩博村。那时，三分之一的村民没有越过温饱线，村子环境差，几乎与世隔绝。为了改变现状，余留芬敢想敢做、一路打拼，办小超市、开小餐馆、小卖部……日子逐渐变得宽裕起来。

2001年，31岁的余留芬担起岩博村党支部书记的担子。如何拔掉村里的穷根？她立志要干出个名堂。

“就是用双手刨，也要刨出一条通村路。”上任后，余留芬迫切想要结束岩博村人背马驮的历史。于是，她同村民一起上工地、搬石块、掌钢钎、抡大锤；晚上，又挨家挨户鼓劲加油。历时3个多月，一条宽4.5米、长3公里的进村路通了。

路通了，如何带领村民致富奔小康呢？

“打赢脱贫攻坚战，必须把‘输血式’扶贫转变为‘造血式’扶贫。”余留芬说：“岩博林场就是我们发展的第一个产业。”

赎回林场后，余留芬带领岩博人民战天斗地、苦干巧干，很快便还清了借款，并挣得“第一桶金”。紧接着，她趁热打铁，先后在村里办起了蔬菜大棚、养殖场、砖厂、农家乐、酒厂，不断壮大村级集体经济。曾经“要啥没啥”的岩博村，“家当”越来越多，“家底”越来越厚。

2004年3月，余留芬发动村集体投资80万元，10户村民入股50万元，收购一家酿酒小作坊，创办了岩博小锅酒厂。酒厂开酿后面临销售困难，余留芬看在眼里、急在心里。那段时间，她一有机会就走进餐馆推销她的小锅酒。在余留芬的执着下，岩博小锅酒逐渐小有名气。

2011年，余留芬看准时机，采取“招商引资+集体入股+村民入股”的方式，引入公司注资重组酒厂，并改名为“岩博人民小酒”。全村1012户村民入股，成为岩博酒业股东。

党的十九大期间，余留芬大胆“推销”起村里的人民小酒，一时间，人民小酒走俏市场，岩博酒厂也开始忙碌起来了。2019年，岩博酒业年产5000吨生产线及配套存酒库、附属设施投入使用，当年实现销售收入3.952亿，并积累了一批优质客户。2020年，预计能实现销售任务6亿。

除了带动岩博村脱贫致富，余留芬还向周围村子抛去“橄榄枝”。发展起来的岩博村联合临近的鱼纳、苏座两个贫困村，组建岩博联村党委，余留芬任联村党委书记，带领更多群众脱贫致富。

岩博联村党委成立之初，鱼纳、苏座两村的所有村民就享受与岩博村同等的待遇，人均在岩博酒业入股3000元，成为股东、分享岩博酒业发展红利。同时，岩博村还指导鱼纳村和苏座村，布下连片的刺梨和林下经济作物。联村的合力，让每位村民都努力找方向、想办法、谋出路，在脱贫致富的路上不甘落后。

“我们要像吸铁石一样，把乡亲们紧紧凝聚在一起。”在余留芬带领下，岩博联村已从传统的“输血式”扶贫，真正转型为村民自食其力的“造血式”扶贫，形成了以岩博酒业为核心的产业集群，并延伸到种植业、养殖业、畜牧业、加工业等多个产业，形成了一个良好的产业循环链。

一步一步脚踏实地，一个又一个规划了然于心，余留芬心中装的是岩博的未来。从曾经人均收入只有600多元、村集体经济为零的贫困村，到如今人均收入近2万元、村集体经济超过600万元的小康村，在余留芬的带领下，岩博人民用苦干实干书写着农村经济社会发展的美丽篇章。

“岩博人民奋斗的脚步永远不会停下。”余留芬说，下一步，岩博将继续以党的建设为引领、以村企融合为抓手、以振兴发展为目标，按照“立好一个振兴规划、建成一个产业园区、建设一个生态景区、完善一套产业链条、建好一个产业基地”的标准，建设一个更加美丽的岩博村。

撰稿：华　姝

杨波：驻村10年“感觉特幸福”

“明天要去盘州市淤泥乡岩博村给学员们上党课，18号要到六盘水市委党校去给培训班讲课，26号是去省委组织部人事干部学院授课……”2020年10月，杨波比较忙，他的授课日程排得满满当当。

“2020年，海嘎脱贫攻坚工作已进入了全面巩固提升阶段。”忙着到各地讲课的同时，杨波还兼顾着村里的大小事宜，一有空就要到村民家里串门，跟大家聊聊当前村里产业发展的政策和前景。

杨波，六盘水市钟山区大湾镇海嘎村第一书记。驻村干部两年一届，不少地方一届一换茬，可杨波却在海嘎一干就是十年。

2010年，在六盘水市钟山区民族宗教事务局工作了6年的杨波，申请来到大湾镇海嘎村，任第一书记。

没曾想刚走马上任，上门动员村民参加新农合、修厕所、抗旱领水……杨波就碰了一鼻子灰。

但这并没有让杨波打退堂鼓，“走了，就要留下脚印，做了，就要留下价值”。

“吃水难、行路难”，一直是海嘎村民心中的痛。高海拔、少降水，一年里有半年枯水期，喝水得去几公里外的水井。

“2010年大旱，村民们用水困难。大湾镇政府送来了250桶50斤装的白胶桶装水。”杨波回忆，当通知乡亲们来山上村办公室领水时，听到最多的却是“除非把水送到家门口”。原来，很多村民嫌路远难行，不愿前来。

“通过多方反映，多次联系水利局，终于请来专家落实提水项目。”杨波的不懈努力得到了回报，落实项目投资820万元，贵州海拔最高的行政村，终于实现家家户户通自来水。

“还以为干部驻村也就‘镀镀金’，没想到他却抡起了‘真板斧’。”随着一件件实事的落成，村民们开始相信，这位书记，是要“动真格”了。

在一次走访中，杨波了解到董家院子距离通村路只有700余米，可就是这700米“断头路”，让村民多年来吃尽苦头，每到下雨天，道路狭窄泥泞，出行极为不便。

马不停蹄，杨波找到自己的“娘家”钟山区民宗局，申请来2万元资金，又动员群众凑了1.8万元。通过群众投工投劳，一条两米宽的崭新水泥路终于修通，彻底解决了董家院子的出行问题。

“海嘎要发展，除了突破交通地理条件限制，更为关键的是要搬掉压在村民头脑中的‘大山’。”找准症结，杨波拉上村干部一起走家串户，开院坝会、搞夜访，跟群众讲惠农政策、讲文明新风、讲外面的世界。

两年时间，转瞬即至。在第一次驻村时间结束之际，第二批同步小康驻村工作启动，大湾镇拿到名单时，大家吃了一惊，“怎么还有杨波？”

再次驻村，杨波争取到200万元，为村里建起9个种植养殖基地，引进苦荞、土豆等作物，成立“海嘎四季青种植农民合作社”，并注册绿色食品商标。

韭菜坪搞旅游开发，杨波厚着脸皮泡在项目指挥部，硬是为村民争取到了边沟开挖、土石方清运的活。当年，300位村民务工总收入超过400万元。

摆烙锅摊、卖柴火洋芋、搞农家乐……吃上“旅游饭”的村民收入芝麻开花节节高。

2015年，驻村期限又一次将满的杨波，选择再次留下，成为驻村干部中少有的“老三届”。

也正是这一年，海嘎村人均年纯收入达到7230元，300户1325贫困人口减少到现在的46户163人，村集体经济更是从零突破到了30万元。

2016年，海嘎彻底摘掉了贫困村的帽子，成功“脱壳”。

山里的人，交朋友都是以心换心，一次又一次的“续驻”，换来了村民们的真心，杨波心里美滋滋的。“村民热情地拉我进家烤洋芋吃，把煮熟的鸡蛋塞到我的手里。这时，真的感觉特幸福。”

然而驻村10年，杨波却错过了女儿的第一声爸爸，错过了女儿的第一次奔跑，错过了女儿的第一次开家长会，更错过了父亲临终最后的叮嘱……

因为每次，他都在海嘎。

可杨波并不后悔，他坚信自己的选择。“不忘初心，方得始终。”

党的十九大期间，习近平总书记参加了贵州省代表团的讨论，杨波有幸当面作了汇报。“总书记的殷殷嘱托，一直激励着我继续奋战在基层一线。如今，年轻的扶贫干部越来越多，大家的干劲越来越足。”

2019年，海嘎村人均收入超过9000元，最后一批建档立卡贫困户16户共35人全部脱贫，彻底摘掉了“穷帽子”！

撰稿：刘定珲

李桂莲：40年躬耕蔬香满园

2020年4月15日，李桂莲率领贵州省农科院专家团队深入贵州省罗甸县祥脚蔬菜坝区，为蔬菜种植户“把脉问诊”。谁能想到，这位贵州省农业科学院名誉院长、研究员已经78岁，仍奋战在科研一线。

李桂莲漫步在蔬菜坝区，仔细地查看基地里玉米、四季豆、南瓜等新品种的长势。

“罗甸的百香果产业也发展得不错，我们在做百香果套种芹菜的实验，利用两种作物对光照的不同需求和生长的时间差，最大化利用土地资源，增加农民收入。”罗甸县农业农村局蔬菜办派驻祥脚村驻村干部王慧科向李桂莲介绍着最新的实验成果。

李桂莲满意地点点头，笑着说：“我们农技人员，就是要开动脑筋，用自己的技术，在农村产业结构调整中出力，帮助农民增收致富。”

绿意葱茏的田间，和基层农技人员、蔬菜种植户亲切地交流，这样的场景在李桂莲的记忆里不知已经出现过多少次了。

罗甸冬春热量条件好，气候资源得天独厚。

1979年9月，贵州省农科院园艺所研究员李桂莲刚刚从海南学成归来，一眼就相中了罗甸这块有着“天然温室”之称的宝地，当她带着精心选育的“希望一号”番茄种子开始推广反季节果菜时却碰壁了。

“当地人没有种植蔬菜的习惯。”当李桂莲提出要搞反季节果菜时，当地群中对这个从未听说过的新鲜玩意儿并不“感冒”。

“赚了全归大家，赔了算我的。”李桂莲反复给村民做工作，才争取来两分试验地。没有经费，她就用自己的工资；没有技术，就整天埋在地头做试验，李桂莲天天守在试验田，和农民一起栽种、浇水、施肥，当年就交出了番茄单个重量超过了0.5公斤成绩单。

李桂莲一边实验、一边推广。经过六年探索，最终在罗甸建起3万亩冬春反季节蔬菜示范基地，选种茄子、辣椒、四季豆、黄瓜等14种作物、共100余个品种，形成水旱轮作的良性循环，亩产值达到了2000元，带动16万农民脱贫致富。

随后的十多年里，李桂莲依旧没有停下脚步，对罗甸蔬菜进行了“定点对焦”形成长效关注，在罗甸不断推出新品种，开辟新的种植模式，打造冬春蔬菜示范种植基地。

她将研究的冬春、春夏、夏秋、秋冬等各种反季节蔬菜栽培技术进行综合集成，率先提出和开展“万元田科技示范工程”和“321蔬菜高效示范工程”。通过采用良种良法配套合理安排茬口，实现每亩产值高达3万元、2万元、1万元的产业升级和效益提升，其核心技术列入《贵州省政府蔬菜脱贫攻坚三年行动方案》。

“一个人的力量总归有限”，李桂莲十分重视人才的培养，创新提出“大力培养科技二传手”的理念，并付诸实施，带动上百万人学科学用科学，使良种良法迅速推广。

罗甸县罗沟村原党支部书记胡天英是李桂莲带的第一批“科技二传手”。

1980年，胡天英到县城参加首期“蔬菜种植技术培训”，回去后在自家的4分地里试种西红柿，当年收入580元。在李桂莲的精心指导下，胡天英很快成为沫阳片区的蔬菜种植技术“二传手”，逐步在当地推广早春蔬菜种植。

50年来，李桂莲培训的农技人员和“科技二传手”累计超过3万人。

李桂莲眼中只有她始终热爱的科研事业，一生清贫、两袖清风。1996年省委决定提拔她担任更高职务，她坚决请辞。在她退出领导岗位后，省内一些公司高薪聘请她，均被她婉言谢绝。她获得的荣誉不胜枚举，却总是谦虚谨慎，以平常心做平常人。2009年，她获贵州省最高科学技术奖，她把国家奖励的经费悉数用于科研、用于扶贫救济。

罗甸的土地不“冬眠”，秋收连着秋种，一季接着一季节。

如今，常年稳定在20万亩次以上，带动16万群众稳定脱贫的蔬菜产业，已经成为罗甸县脱贫致富的“拳头”产业。李桂莲从1979年至今，40年躬耕贫困山村，唤醒了一方土地的活力，为山区的贫困群众找到脱贫的“利器”，更是在贵州喀斯特山地特色贫瘠的土地上，赋予了蔬菜产业新的生机。

撰稿：岳　振

潘学军：扎根乌蒙山的“核桃教授”

在乌蒙山区深处的贵州赫章，有着“中国核桃之乡”的美誉。这里的核桃含有丰富蛋白质，种植面积广、产量高，核桃已成为当地农民脱贫致富的支柱产业。

然而，十多年前的赫章尽管拥有丰富的核桃树资源，可是核桃的产量却并不乐观。改变赫章核桃丰收的背后，有一位核心专家，被赫章百姓亲切称呼为“潘核桃”——贵州大学教授潘学军。

2005年，年仅39岁的潘学军获得博士学位后，便来到贵州大学农学院任教。从西北农林科技大学博士毕业的他，本有机会去沿海发达地区工作，但最终选择了贵州。“因为贵州拥有丰富的果树资源，拥有优美的生态环境；贵州是欠发达地区，这里的老百姓更需要我。在这里，有属于我的广阔的舞台。”潘学军说。

2006年，贵州大学与赫章县签订了校地合作协议，赫章县打算发展核桃产业。当时的县里主要领导提出，能否派个专家到县里进行核桃果树研究。由于学校没有研究核桃的专家，这个任务交给了才到校任教一年的专门研究葡萄种植的博士潘学军。

“山区要脱贫，发展果树种植的潜力巨大，我是党员科技工作者，就应该有这份担当。”这是潘学军的理想。他背上行囊、搭上客车赶往赫章县，率先与该县合作开展核桃技术攻关与研发。

来到赫章后，从最基础的气候、土壤、资源调查开始，将自己的时间全部浸透在一颗颗核桃之中。

赫章是国家级贫困县，然而赫章海拔高，光照长，温差大，独特的小气候特别适宜核桃生长。潘学军在调研中发现，赫章县发展核桃大有可为，只要核桃产业做好了，就能使千家万户摆脱贫困。

那时候，县城还不通高速，也没有铁路，交通极为不便。从贵州大学到赫章，走一次要12个小时以上，公交车到客车站、再转长途到赫章……潘学军是北方人，南方的潮湿气候与辛苦工作，使他患上了严重的关节炎。尽管路程遥远，依然无法阻碍他前进的步伐。

为在乡间寻找一棵核桃树，潘学军和他的学生、技术员们可以坐两个半小时的汽车寻找，在汽车开不上去的山路，冒着大雨下车寻找一个半小时，只为找到一棵听说产量很高的核桃树。

通过多次研究、试验，潘学军和研究团队所培育出来的黔核系列大获成功——4个核桃新品种被命名为黔核5号、黔核6号、黔核7号、黔核8号。每一个系列的核桃使用方向都不同，5号适合做核桃乳、6号适合做核桃油、7号适合带壳售卖、8号外表光泽亮丽。

在他的带领下，赫章县核桃种植面积由14万亩变成了目前的166万亩，产值由3亿元变成了15亿元，核桃种植户户均增收超过了5000元，惠及农户15万余户近62万人。

潘学军来到赫章，不仅仅是希望农户能够去种植核桃，而是希望能够将赫章的核桃产业做成一条产业链。他带领农户意识到，种植的核桃不光是单纯的拿出去售卖，还可以用以制作核桃乳、核桃油，核桃的外壳可以用来制作工艺品，形成一条以核桃为中心的产业链。

为了延伸核桃产品的产业链，促进核桃产业的发展，潘学军主动的招商引资，在政府与企业之间牵线搭桥，引进了山东一家核桃乳公司，浙江一家农业公司，为核桃的产业链构建起到了重要作用。

为了继续对黔核系列进行研究，赫章县在水塘森林公园设立了核桃研究中心和核桃博物馆，继续对黔核系列进行改良。他主持贵州省核桃科技重大专项课题、国家科技支撑计划课题等科研项目12项，获批国家发明专利3项，贵州省科技成果转化一等奖1项。

在他和团队制定的未来5到10年的规划中，养分调控和病虫害防治被列为难点和重点，“要让科技种植为更多老百姓接受，加强品种换优，加强养分调控和病虫害防治，才能保证种下种好，产出优质核桃。”潘学军说。

一些原本是贫困户的种植户，经潘学军手把手的指导，建起核桃采穗圃，很快脱了贫。有些人也成为当地核桃嫁接管理技术员。

这几年，潘学军还培养出200多名科技特派员。越来越多的“潘核桃”走进田间地头，和当地果农一起，让“摇钱树”不停地长出累累硕果。

撰稿：岳　振

苏芝仙：27年服务到家的“果蔬医生”

“苏老师，你看看我这莴笋是怎么了？”在遵义红花岗区忠庄街道，大部分的种植户都有农技干部苏芝仙的微信，当遇到种植方面的技术困难时都会通过视频或图片向苏芝仙咨询求教。

看了勤乐村速生蔬菜种植大户张强发来的图片，苏芝仙心里有了数，忙完手头的工作，她就带着病虫害防治资料赶往了张强家。

“你这个莴笋一看就是霜霉病，按我给你讲的用药防控就行了，我发给你们的病虫害防治资料抽空要看，很多基本问题上面都有讲，遇到不懂的问题就及时和我联系。”在忠庄街道种植户眼中，苏芝仙就是名副其实的“苏老师”。只要一谈论到果蔬种植技术和病虫害防治技术，苏芝仙总有讲不完的话，恨不得把自己所有的种植知识都一股脑儿地教给大家。

苏芝仙是遵义红花岗区忠庄街道办事处农业服务中心工作人员。自1994年从贵州农学院毕业后，苏芝仙的工作履历非常简单，扎根忠庄，做一名“果蔬医生”，不是和农民打交道就是和农作物打交道，一干就是27年。

“既然我学的是农业，那就要在基层做农业，只要能得到农户的认可，所有的努力都值得。”这27年来，苏芝仙获得过很多荣誉称号，“全国农村科普工作先进个人”“全国科普惠农兴村带头人”，在国家、省、市级刊物发表论文76篇的高级农艺师……但她说她最喜欢的还是做村民们的“苏老师”。

苏芝仙刚工作那几年，忠庄主要种植烤烟、玉米、水稻等传统农作物。但有了苏芝仙后，一切都变了。

1998年，忠庄开始种植水果。苏芝仙从零开始，学习水果栽培技术，从对土壤的研究到品种的选择，再到施肥、防病，她都一一试验。

白树国就是受益者之一。1997年，白树国凭着自己的经验开始栽种葡萄，但因技术跟不上，产量一直上不去，口感品质没有保证。

后来苏芝仙到他家指导，一年下来，成本少了，产量上去了，产值更是翻了三四倍，白树国高兴得合不拢嘴。

一天天、一年年，苏芝仙风里来雨里去，痴心不改。

忠庄街道的田间地头时常有她的身影，村庄哪里适合种葡萄、草莓，哪里适合种蔬菜，怎么种才能产量高、价值高，她都烂熟于胸。

忠庄街道的勤乐村，如今已是名副其实的果蔬之乡，个大味美的草莓，香甜多汁的葡萄，生态有机的蔬菜……这一切变化，离不开苏芝仙的努力。

2016年初，响应贵州省委组织部“万名农业专家服务‘三农’行动”工作专家选派和团队组建要求，苏芝仙主动申请“蹲点”勤乐村，负责农业技术推广、培训等工作。

苏芝仙结合自己的专业，对当地土壤进行了分析研究，发现该村的土质最适合种植葡萄、草莓等经济作物。

找准了路子，苏芝仙开始通过开办培训班、现场教学、一对一向当地群众传授各种科学种植知识。

刚开始，有村民认为苏芝仙只会纸上谈兵，一年后曾经只出产玉米、马铃薯的土地里收获个大色鲜的草莓时，村民们纷纷点赞："苏老师还真有两把刷子！"

苏芝仙走遍了勤乐村的每一寸土地，每次进村，无论走到哪儿，她的肩包里少不了三个笔记本：一本是农户电话，一本是工作日记，一本是培训记录。

"电话本不在身边心里不踏实，我怕存在手机里遗失了就联系不上他们。"农户电话本密密麻麻记满了勤乐村周边农户的联系方式。

"苏老师就是我们的贴心人，让我们农民有了发展自信。"勤乐村和平组葡萄示范户、前村支书严绍伦说。

在苏芝仙的带领下，勤乐村光是葡萄就种植有10余种，李子、草莓等水果种植面积也日益扩大。今年，勤乐村还新发展了100亩的辣椒基地，从育苗、移栽到管理再到销售，苏芝仙都全程指导。

"苗池于播种前一天灌入清洁、无污染的水……"尤其在育苗时，正值疫情防控期间，无法集中开展农技培训，苏芝仙就每天通过远程视频或电话来进行技术指导，确保不耽误农户育苗。

如今，勤乐村成片的果蔬基地葱葱郁郁，依山而建的黔北民居掩映在绿林中，俨然一幅水墨山水画卷，勤乐村人也真正"乐"了起来。

撰稿：毕文君

钟晶：守护乡亲健康的“深山天使”

“钟医生医术好，又特别照顾我们，像我们腿脚不好的老年人她都会亲自上门为我们看病。”说起钟晶，乡亲们纷纷竖起大拇指。

1982年出生的钟晶是黔西南州贞丰县龙场镇龙河村卫生室的一名乡村医生，今年，是在钟晶在龙河村的第12年。

钟晶从小生长在贵阳，2002年她从贵州省卫校毕业后，曾在贵阳医学院进修，并先后在贵州省人民医院、贵阳长江医院等单位工作。

2008年，钟晶到龙场镇看望在此工作的丈夫，看到龙河村落后的医疗条件，她心里非常难过。

由于气候潮湿，这里的一些村民40来岁就患风湿病，严重影响生活质量；村里的妇女基本上不知道什么是妇检，70%以上的妇女患有妇科疾病；不少村民小病没有及时得到治疗，时间长了就拖成大病，再拖成绝症……

家里三代行医的钟晶决定为龙河村的村民们做点什么，于是她毅然辞掉贵阳的工作，带着2万多块钱，钟晶在龙河村开了一家卫生室，这是龙河村的第一个卫生室。

钟晶知道村民们条件有限，为了降低群众看病的费用，她将整盒药拆分，根据村民的病情配制药量，她还自己动手擂药、配药，尽量让群众花最少的钱把病治好。

但还是有部分群众因为家庭困难而不愿意就医，钟晶便主动到村民家中，免费为他们看病、送药，鼓励群众有病即医。

“卫生室刚开业时，来看病的村民比较少，我明白不是没有人生病，而是不敢来，因此我推出了‘先看病、后付费’的服务模式。”钟晶说，村民们带着试一试的心理，发现真的能花很少的钱就能看好病，前来卫生室看病的村民才逐渐多了起来。

就这样，村民们越来越信任钟晶，钟晶也感受到被大家需要的幸福，有些村民没钱支付医疗费用，便将给钟晶拿一些自家做的东西，或是一双鞋垫，或是一个糍粑，又或是一瓶辣椒。

“这种融洽的医患关系，让人很温暖。”钟晶坦言。

2009年，丈夫调到兴义市工作，有朋友劝钟晶跟随丈夫到兴义开诊所，前景会更好一些。

钟晶也在心里犹豫着，但村民们的举动坚定了钟晶留下来的想法。

村民们以为是因为自己拖欠医药费钟晶才离开，于是许多人赶着山路来给钟晶送医药费，希望她能留下来。“闺女，你要是走了我们可怎么办啊？”王芝芹老人紧紧拉着钟晶的手说。

大家眼的无奈和期盼让钟晶忍不住流下了眼泪，钟晶又一次感受到村民们对她的依赖之深，钟晶决定继续为村民们服务。

在长期的学习和经验积累中，钟晶掌握了治疗小儿、妇科疾病和感冒发烧、腹痛脑热等常见病；通过参加各种义诊活动，她学会了中医用药、针灸等技术；通过向畜牧技术人员请教，她学会了牲畜防疫；通过自学，她懂得了心理疗法。

慢慢地，村民们有什么病都会先来找钟晶。“我会尽我所能为村民们看病，如果我无法医治的，我也会帮助他们想办法。”钟晶说，和村民们一样，她也习惯了把村民们当家人。

现在，龙河村卫生室有2名医生3名护士，护士蒋秀飞是在报纸上看到了钟晶的感人事迹后，辞去贵阳市白云区一家医院的工作追随钟晶而至。

“2012年我刚来时，想打退堂鼓。房子狭小，破旧不堪，灯泡也是我们自己换，就连床都是在厨房边。”蒋秀飞说，“但是和钟医生下乡，看见她从不嫌弃患者、一心救治患者时，坚定了我留下的决心。如今，村卫生室的条件大大改善”。

按照划分，钟晶还要对1700余名村民开展家庭医生签约服务，肩负繁重的公共卫生职责。最近，她刚完成村民家庭健康档案复核工作，按要求把血型、人口数、居住环境、电话等信息录入系统，为村民们建立起了更全面的个人健康电子档案。

“目前我们正处于脱贫攻坚的总攻阶段，做好医疗扶贫是基层医疗工作者义不容辞的责任，能够守护一方群众的健康，为同步建成小康贡献力量，我感到很欣慰。”钟晶语气坚定地说：“不忘来时的路，走好以后的路。只要乡亲们需要我，我就会一直在村里坚守。”

撰稿：韦　倩

谢佳清：女检察官驻村绽放“高粱红”

走进遵义市汇川区芝麻镇竹元村，山青地绿环境美，果蔬飘香农家乐。让人完全想不到，这里原来是一个只有一条坑洼不平的毛石小道、闭塞落后的深度贫困村。

近年来的巨大变化，让村民看在眼里，喜在心里：短短的4年时间，59.6公里的村组路串起每个村落，移动基站联通山外信息，有机红高粱首次迈出山门……竹元村面貌已经焕然一新。

而这一切改变，村民们都说离不开他们的“谢书记”。

村民口中的谢书记叫谢佳清，是遵义市人民检察院的一名女检察官，2016年派驻到竹元村担任第一书记，开启了一场消除贫困的攻坚战。

“从汇川区政府坐车，花了2个多小时到达芝麻镇，再从镇政府辗转近3个小时才到了竹元村。”进村第一天，谢佳清对竹元村的出行难就有了体会，这里的偏僻、荒凉和贫穷远远超出了她的想象。

“要改变村子的面貌必须先修路。”谢佳清找到驻村工作组和村“两委”，说出了自己的想法。

为了调动村民的积极性，谢佳清在田间地头开展宣传，激发村民的信心，同时筹划修建公路，向上级申请项目资金，争取到23个项目同时启动，开启整村推进规划。

凝聚发展之心，谋划发展之策，实施发展之举，在一步步的工作推进中，村民们树立起了信心。修路得到了全村人的赞同，村民们主动筹资投劳，无偿捐地。“路好了，我们竹元村致富才有希望。”村民杨明禹说，为了修路，他捐出7亩自家的土地。

2017年，竹元村修建了22条总长约60公里的通村通组路。在谢佳清的带动下，村里又逐步实施公路安保工程建设，实现通行保障全覆盖，还实施老旧住房整治，人居环境全面改善。

“没有产业，村民就无法脱贫致富。”基础设施好了，产业发展成为谢佳清心里分量最重的工作。

谢佳清邀请专家调研，得知竹元村的土壤适合种植核桃和高粱，就和其他村干部一起挨家挨户动员种植核桃。由于过去栽种的核桃挂果不理想，任凭如何动员，村民都不愿意种。

于是谢佳清另想办法，在汇川区脱贫攻坚办和贵州红樱桃果业公司的帮助下，她牵头引进厦门日懋园林公司来竹元村种下了380亩核桃苗。为了让村民放心，她还立下“军令状”：如果村民种下的核桃不挂果，50多万元的损失全部由她负责。

为确保成功，谢佳清从头学起，选苗、技术、培训、管理，处处带头，样样把关。学懂弄通种植技术后，她又将技术传授给种植户。

功夫不负有心人，竹元村的第一批核桃树顺利挂果，村民们有了信心，将种植面积又增加了1500多亩。

一条致富路不够，谢佳清又与村“两委”发动群众走种养业脱贫致富道路，为全村876户村民争取到种植和畜牧养殖的订单。随着村民的发展观念逐步改变，谢佳清趁热打铁，联系企业，发动全村为茅台集团种植有机红高粱，发展订单养殖的生态畜禽，多渠道为村民增加收入。

2018年初，谢佳清又邀请南京专家到村考察并通过有机认证，为村民争取到8000亩有机红高粱种植的订单，将每斤红高粱从普通收购价的2.2元提高到进入茅台集团的收购价4.1元，每亩增收950元，仅此一项，就让村民多增收760万元。

截至2020年底，竹元村种植高粱2050亩、核桃1880亩，养殖野鸡10 000羽、肉兔30 000只，实现全村“一长两短”产业全覆盖。2019年，全村户均增收6000元以上，贫困户409户共1855人加入合作社，实现产业扶助建档立卡贫困户285户共1168人。

从2015年到2020年，竹元村集体经济从零累积到40多万元，年人均纯收入从876元增加到8816元。在谢佳清带领下，竹元村建水库、改危房、修幼儿园、卫生院，打造美丽乡村示范点5个。此外，谢佳清还联系爱心企业结对帮扶，筹资10万余元资助村里70余名贫困家庭高中生和大学生。

2019年，谢佳清荣获“全国脱贫攻坚奖贡献奖”，参加了全国脱贫攻坚奖表彰大会暨先进事迹报告会。

带着责任、情怀、敬畏和激情，谢佳清和竹元村一起，还将奔跑在全面小康、乡村振兴的大道上。

撰稿：郑　洁

王泽勇："书记城里来 满身帮扶经"

在普定县化处镇水井村，来了位第一书记，他就是航空工业贵州新安航空机械有限责任公司的王泽勇，从2016年4月驻村，4年来一直为当地群众的美好生活奔走不息，百姓称赞不是亲人、胜似亲人。

"书记城里来，满身帮扶经。走村又串户，带来新门路。干得好不好，老少都知晓。要问亲不亲，胜似一家人。"这首当地群众自编自唱的布依山歌，是对王泽勇驻村工作的最大肯定，也是他工作的真实写照。

驻村第一天，王泽勇在经过3小时车程到达水井村后，放下行李便马不停蹄地走访村民了解情况。四年多来，王泽勇越干越来劲，在水井村的"根"扎得越来越深，这都源于他矢志不渝的初心。

王泽勇出生于困难家庭，让他更能体会脱贫之于贫困群众的意义。看到山清水秀的水井村却无相关产业引领群众致富，王泽勇在心中埋下了一颗"驻村扶贫、造福百姓"的种子。

水井村背靠朵贝山，坐拥窄口水库，磨香河穿村而过，土地松软肥沃，他认为有了这么好的条件，只有选准产业，致富应该有望。经过数次调研走访交流和认真思考，王泽勇与村"两委"确定了"茶果上山、香葱进地、莲藕下田"的产业发展思路。

村集体经济要壮大，产业发展就要规模化。但不少群众由于担心销路，不愿流转自家土地参与种植。为此，王泽勇挨家挨户做思想工作，同时组织村民集体看新闻、去产业发展得好的村庄学习。

功夫不负有心人，最终水井村流转了200多亩田地用于莲藕种植。2017年春天全村人在这片土地上播撒种子。当年盛夏，藕花深处吸引了省内外4万多名游客，旅游产业为村里带来了25万元的经济收入。金秋时节，莲藕丰收，村里将品相较佳的莲藕、莲子外销，荷叶研磨用于制作清肠茶，藕田套养，发展渔业。

一条清晰的莲藕产业链也带动了群众干事创业的积极性，拓展了致富思路的群众，在王泽勇的带动下，增种莲藕至1000余亩，发展了1200亩经果林，核桃种植720亩，冰脆李300亩，茶叶80亩，白葱、红葱种植500亩。

为了长期稳定地走向市场，王泽勇又开辟了农超对接、农企对接、网络销售、旅游产品销售四大平台，生产出来的香葱成为客商的抢手货，1000吨莲藕也销售一空，去年该村的村集体纯收入达60万元。

在同步小康的路上，王泽勇没有拉下一人。他始终将孤寡老人、留守儿童、五保户等困难群体牵挂在心——

“戛打组的卢臣媛，10岁，卢臣孝，9岁，两姐妹一对孤儿，与祖父母曾祖母相依为命，祖父患有肺结核。”王泽勇的民情日记本上写着对困难家庭的牵挂。为解决这家人的困难，他向民政部门申请了救助，还联系了爱心人士对两姐妹未来就学进行长期资助。

戛打村民组王顺云家一岁的儿子王观一患有先天唇腭裂，高额的治疗费用让原本并不宽裕的家庭望而却步。王泽勇得知此事后，带着王顺云到原普定县卫计委、安顺市人民医院等地参加“微笑贵州，唇腭裂行动”，一个星期后，申请到了手术全额免费的救助。

20岁的周贤贤也因为王泽勇的出现，改变了人生轨迹——四年前，因父亲早亡母亲失踪，水井村播咱组与80岁祖母相依为命的孤儿周贤贤辍学在家，且其患有轻微自闭症已两年未出过门，拒绝与人交流。得知这一消息的第二天，王泽勇前往安顺请来了心理辅导老师开导周贤贤。王泽勇还到安顺机械学校，为周贤贤申请汽修钣金专业就读，同时申请到了学校的全免学杂费名额。他还说服学校食堂，让周贤贤放学便去勤工俭学，食堂免费为他提供三餐，并联系了该校一热爱公益的老师，每月给周贤贤400元的生活补助。

当王泽勇回访周贤贤祖母时，老人家拉着王泽勇的手哽咽着说：“谢谢你小王书记，谢谢你救了他一命啊，以后都舍不得小王书记离开村里了……”

这份满怀深情的不舍，也是村里其他百姓的心声。而王泽勇早已把水井村视作心之所牵、情之所系的第二家乡，与百姓线线相连、丝丝相牵。

撰稿：管　云

李仁兵：独创“四看法”精准再精准

“土地石化风沙大，烈日悬空雨难下。七分种来三分收，苞谷洋芋度春秋。”这段流传甚广的顺口溜，是毕节市威宁自治县迤那镇五星村过去贫困状况的真实写照。

“急争抢，干拼闯，不等不靠挺脊梁；调产业，促结构，小康路上迈大步!”这是如今的五星村村民口中的歌谣。这两段截然相反的歌谣，生动反映了这些年五星村村容村貌以及生活条件发生的翻天覆地的变化。

带领五星村发生巨变的，是该村党支部书记李仁兵。他总结他们的扶贫经验时说：“开展扶贫工作就得从摸清底数入手，才能真正分清哪家人是真穷，需要什么帮助，怎样才能脱贫。2018年，五星村完成了脱贫目标。2020年，我们更关注路通产业兴，这样发展才更有底气！”

李仁兵是土生土长的五星村人。五星村是个少数民族混合聚居地，民俗复杂，自然环境条件差，经济发展基础先天不足。因此也留不住人。

1990年，年轻的李仁兵跟同村老乡外出做泥水工，多年来辗转于上海、江苏、云南等地，每逢春节才能回老家看望一次父母。

出过远门，见过世面的李仁兵在村民中的口碑极好。2003年，五星村村民集体推选新一任村干部时，村民不约而同选了李仁兵。

在外打拼多年，李仁兵深知闭塞的乡村与外界的鸿沟差距，得到了乡亲们的一致信任，他想为家乡出份力的心更加热烈。

“要为村民办实事，首先要积极向党组织靠拢！”凭着一腔热情回到家乡，2004年底，目标明确的李仁兵加入了中国共产党。2005年，全县公开进行村干部招考，李仁兵通过考试，被任命为五星村办计生主任，这一干，就是九年。

2014年，李仁兵担任起五星村党支部书记。时至今日，李仁兵完成了“一个农民党员”向“文朝荣式好支书”的蝶变。在担任支书的4年时间内，他千方百计解决发展中的各种困难，让当地农民人均可支配收入从2010年的3076元增长到2018年的12 557元。

“不当家不知柴米贵”，刚刚当上支书，李仁兵便遇上第一个难题：虽身处扶贫工作第一线，但因不少村民思想上存在问题，导致扶贫摸底工作成效甚微。“有人不讲实话嘛，明明收成有1000斤，他上报只有200斤。”

“精准确定扶持对象是顺利开展扶贫工作，确保各项政策好处落实到扶贫对象的首要前提。”李仁兵凭借多年的农村工作经验，结合扶贫对象的标准，总结出一套“四看法”：一看房，二看粮，三看劳动力强不强，四看家里有没有读书郎。

这套“四看”法在客观上避免了个别村民隐瞒收入的“假”贫现象，提高了扶贫对象的精准性，为扶贫工作扫清了障碍。“用‘四看法’“把脉”，2014年初，全社区精准识别出134户共438名扶贫对象，无一人质疑，老百姓都赞同。”李仁兵说。

值得一提的是，因为“四看”法的广泛适用性和操作上的可复制化，随即得到县里和省里的认可，并在全省广泛推广。

“没有路，再好的菜种出来都运不出去，更卖不起价，产业没法发展!”2020年4月17日，站在刚铺过沥青的迤龙公路旁，李仁兵感慨不已。

顺着新铺设的沥青路抬眼望去，道路两旁五星村近3000亩土地一望无边。“这一片的土质非常好，我们正在配套储水量1000多立方米的水窖，已经有公司和我们洽谈准备在这一片种苹果。”李仁兵说，他们正依托交通条件的改善，大力发展产业。

近年来，李仁兵带领村“两委”组织党员和致富能手，借鉴外地先进经验，组建“村社一体”营山马铃薯种植合作社，2018年种植三膜马铃薯及蔬菜825亩，产值达500万元。

截至2019年10月，五星村村级经济现已发展到160万元，到2020年11月，五星社区共有合作社5个，产业涉及种植、养殖、酿酒等。其中，中药材的育苗和试种基地共4300多亩，社员220名，辐射带动545户共2000余人每户每年增收3万元以上。猪舍26栋共2600余平方米有社员36户共127人，可带动周边100余户共500余人发展生猪养殖脱贫致富。

撰稿：陈　玲

罗应和：搬迁群众的“社区总理”

全国人大代表、惠水县新民社区党支部书记罗应和，曾经居住在一个“一方水土养不起一方人”的贫困山村——斗底村，该村位于贵州省贫困程度最深的麻山地区，大山深处，很多群众生活十分困难，住房简陋，生计难以保障。

为了生存，早在2008年罗应和就选择外出打工，但留下的孩子和老人成了他心头的痛。“该如何走出大山？”罗应和常常问自己。

一道曙光洒向黔中，2015年12月，全省新一轮易地扶贫搬迁项目开工仪式在惠水县举行，随后惠水开启了大规模易地扶贫搬迁工作。斗底村岩下组作为地质灾害频发点，符合搬迁要求，可以整寨搬出来。

但故土难离，乡愁难忘。村里有些五六十岁的老人，顾虑较多。除了担心生活不如以前、很难适应新的环境，还担心找不到工作干。

为此，罗应和就与扶贫干部一起给老人们做思想工作，说明易地扶贫搬迁能享受到什么，“要为子孙后代造福嘛。”有的人顾虑“土地怎么办”的问题，罗应和就将“第二轮土地承包到期后再延长30年”的政策跟大家讲清楚，让大家吃下了“定心丸”。“因为土地是农民的命根子，你不跟他说清楚，他就会很担心。”罗应和说。

2016年，罗应和和县里58个村寨的1109户共4685个村民们一起，搬出了不通水、不通路、不通讯的旧瓦房，住上了家具齐全、明亮宽敞的新楼房，从此享受到了搬出来的好日子。

作为一名党员、一名退伍军人，罗应和始终没有忘记初心和本色。

搬到新民社区，罗应和主动写了申请书，交给县移民指挥部，表明“请求加入脱贫攻坚工作组，做义工3个月”的态度。

2016年7月，罗应和加入了义工服务队伍。当义工的时间里，罗应和为搬迁群众的大事小情忙前忙后，和搬迁群众打成一片。

2016年12月，惠水县委组织部决定，批复成立新民社区党支部。在党员大会上，大家一致推荐罗应和为支部书记。

党组织和搬迁群众的高度信任，令罗应和更加感到责任重大，对工作更加充满激情。“只要是搬迁群众的事，不管什么时候，我都会倍加努力去解决！”

如何让大家更好更快地适应新环境新生活，这是一道亟待解决的大难题。罗应和充分发扬党员的先锋模范带头作用，带领社区干部入户走访，手把手地教大家怎样开关门、怎样开关水电、怎样摆放家具，甚至怎样冲厕所，让搬迁群众尽快熟悉新家和新生活。渐渐地，罗应和成了搬迁群众的“贴心人”和社区的“好当家”。

搬出来只是第一步，为进一步巩固搬迁群众就业，罗应和组织开办了黔南州第一个移民技术技能培训学校，提供电焊、家政、缝纫和计算机等职业技能培训。

“发展好产业很关键。”罗应和深知，易地扶贫搬迁只是手段，实现脱贫致富才是最终目的，“我们结合搬迁工作，首先充分了解贫困户的致贫原因，再通过技能培训，让他们有一技之长，结合引入的企业，让他们实现在家门口就业。”

2018年罗应和当选全国人大代表，2019年在参加全国人代会时，罗应和针对易地扶贫搬迁问题提了三条建议：“关于设立易地扶贫搬迁群众后续产业引导基金助推易地扶贫搬迁的建议”“关于进一步加大对易地扶贫搬迁配套设施建设资金投入的建议”和“关于在国家层面设立易地扶贫搬迁后期扶持专项基金的建议”。

“为实现‘搬得出、稳得住、快融入、能致富’，满足搬迁后群众基本生产生活需求，要在安置点同步启动建设教育、医疗卫生、水网、电网、路网、河道治理、就业孵化基地等配套基础设施以及产业园区。”罗应和关注着易地扶贫搬迁后续发展的每一个方面。

“搬出来后很多基本问题是解决了，但是作为一名全国人大代表，不能光站在自己的位置反映问题，还要为更多人的利益着想。”罗应和说，今年是他履职的第三年，他表示，当好人大代表，要敢于肩负责任使命，要架好党群沟通的桥梁，以饱满热情搞好服务，做好移民社区的治理和服务工作。

撰稿：刘　悦

冷朝刚：三次“突围”空壳村变小康村

“冷支书，青杠坝受自身条件制约，要想再往前走一步，是不是很难？”

“我们共产党员不管前路是否艰难，都只会奋勇向前。我坚信只要初心不改，就一定能让青杠坝再向前跨一步。”

16年前，从冷朝刚加入中国共产党，并担任思南县塘头镇青杠坝村村支书开始，这一决心就一直没有改变过。也正因如此，青杠坝才有了一次又一次的跨越。

“有女不嫁青杠坝，红苕拌着酸菜下”，“青杠坝，田大丘，三年两不收”。当时青杠坝的人均年收入不足500元，贫困出了名。

2004年4月28日，冷朝刚带着口粮和蔬菜，前往临近的芭蕉村参加党员培训班。前两天是培训和讨论，第三天是入党宣誓，他成了一名正式党员。

入党两月后，冷朝刚被任命为支部书记，这一年他已41岁，对这个来之不易的荣誉格外珍重。“我暗下决心：一定要让青杠坝换个模样，一定要让青杠坝的群众换一种活法。”

青杠坝自然条件差，村集体没有一分钱的积累，要想发展并非易事。

冷朝刚在党员大会上对大家说，“我们这个穷旮旯里现在什么都没有，要是再没有一点精气神，那就真的没有希望了。”

因此，冷朝刚决定先从基层组织建设开始抓起。一方面努力把有思想、有能力、有干劲的年轻人培养成党员，同时努力把党员培养成致富带头人。并通过外出考察学习等方式提升党员素质，采取评先选优、划定责任区等方法调动党员积极性，让一个个党员聚合为一只有力的“拳头”。

正是这个有力的“拳头”，为青杠坝的村民打出了一片新天地。15年来，共发展了16名党员，并都成为村里的蔬菜种植、养牛场、劳务公司、农特产品加工厂等产业上的管理者和技术员，推动着青杠坝的发展。

自1999年当村主任开始，冷朝刚开始发动群众大面积种植西瓜和大蒜。从为食而种到为卖而种，这是青杠坝的第一次“突围”。

但由于缺技术、资金，产品销路不好，有群众背地里议论：“我们世世代代都种苞谷、红薯，冷朝刚非要让我们种西瓜和大蒜，就是在乱指挥，瞎折腾。”

这让冷朝刚谋生了一种想法，散户种植的方式已不适用于现代农村产业发展，必须实行抱团发展，变散户种植为规模种植。“因此，2004年，我们成立了青杠坝种养协会。”

协会从村民手中流转土地，进行统一种植、管理、收购、销售，群众规避了风险，而收入则有土地租金、务工的薪金及分红收入，这种“三金”模式他们一直沿用至今。

从散户种植到村集体经济统一规划种植，这是青杠坝的第二次“突围”。此后一直到2011年，他们按此思路不断巩固提升种植业，壮大集体经济，让群众看到了实实在在的成效。

从2011年开始，青杠坝开始第三次“突围”。不仅实现从单纯的种植变为种养同步，还实现从种养到农特产品深加工，再到旅游服务业的提升，形成了一二三产联动发展的新局面。

有人说，是上面的资金支撑着青杠坝。实际上冷朝刚不习惯伸手向上面要钱，他说，“青杠坝精神就是‘不等不靠、克难攻坚、团结和谐、始终如一’。”

如今，青杠坝有劳务公司、蔬菜种植基地、养牛场、农产品加工厂、农家乐、酒店等产业，2019年村集体经济收入是600多万元，村民人均年收入达到15 000多元，这对于耕地面积仅有500多亩的青杠坝来说，发展空间确实不多了。

最近一次党员大会上，冷朝刚对大家说：“我们要将产业革命进行到底，把今后的重点放到‘村企业’发展上来，跳出青杠坝，谋求新的跨越。”

这两年，为了把产业做大，他们把目光放在村外，不仅从村外引进专业技术人才，还在临近村租地或带动发展，迈出了“走出青杠坝，发展青杠坝”的步伐。

撰稿：罗亮亮　杨　聪

陈大兴：产业成链 大坝生金

金秋十月，安顺市西秀区双堡镇大坝村，缀满枝头的金刺梨，生产忙碌的蚂蚱养殖基地、果酒加工厂，整整齐齐的农家别墅群等，构成了一幅亮丽的乡村风景。

然而大坝村以前却是这样：“大坝大坝，烂房烂瓦烂坝坝，小伙难娶，姑娘外嫁。”短短民谣唱出了大坝村的万般无奈。

从一无所有到脱贫致富，大坝村的变化沧海桑田，在当地村民看来，这一切都离不开大坝村党支部书记陈大兴。

从担任党支部书记的第一天起，陈大兴就把带领群众脱贫致富奔小康作为全村发展的目标。

“产业发展不起来，致富就没有支撑。”在陈大兴眼里，产业永远是大坝村的立村之本，只有产业发展壮大，大坝村才能真正摆脱贫困。

为改变大坝村贫穷落后的状况，陈大兴带领当地群众因地制宜，探索发展特色产业，让大家有一技之长，在家门口有事可做，有钱可拿。

2008年，陈大兴试种金刺梨成功，从2008年到2011年丰产，陈大兴的30亩地，亩产达到1000公斤，市场价每斤40元，价值近百万元。

为了继续推动产业做大做强，让更多村民致富，陈大兴带领村“两委”班子制定产业发展、村庄建设规划，成立村级合作社，采取“支部+合作社+基地+农户”的生产经营模式，实行统一技术培训、统一农资采购、统一技术管护、统一销售、分户管理方式，让金刺梨产业上规模。

到2020年底，大坝村95%以上土地流转或入股合作社，全村366户农户均是合作社社员（其中建档立卡贫困户56户），种植金刺梨达5000亩，成为村民增收的支柱。

“我们在刺梨基地干活，每天务工费100元，既有收入，离家又近，生活比以前好很多了。”眼下，刺梨正值采收，村民韦红平与当地群众开始繁忙起来。

“一部分采下的刺梨直接运送到果酒加工厂，改变过去单一卖刺梨鲜果的困境，现在我们开发有12度金刺梨干红果酒、42度金刺梨白兰地、金刺梨饮料等系列产品，有效延伸金刺梨产业链。”陈大兴说。

同时，大坝村不仅建起了300头规模的肉牛养殖场、600个蚂蚱养殖大棚、300亩“藕+鱼”综合种植养殖基地，还发展了260亩月季，存栏2000只生态鹅，特色产业遍地开花。

从2012年到2019年，大坝村人均纯收入从2800元提高到13 800元，从一穷二白的“空壳村”壮大为集体固定资产积累达4000多万元的富裕村。

搭好了致富门路，改变村容村貌也在大坝村拉开序幕。陈大兴与大坝村“两委”开始对乡村进行整体规划，修建通组路、产业路，建设垃圾池，打造大山里的别墅群，制定通俗易懂的村规民约。

“在党支部领导下，我们让村民参与制定《大坝村村民‘二三四’

公约》，从支持村委工作、禁止乱倒垃圾、不准乱办酒席等一系列公约，规范村民行为，实现共建共治共享。”陈大兴告诉记者，通过强有力的措施，村里的风气变好了，环境变美了，赌博的现象完全没有了。

现在的大坝村，文化设施不断完善，乡风文明扑面而来。村里修好了文化活动室、文化广场、村史馆等场所丰富群众的生活，先贤榜、乡贤榜、积德榜“三榜”、开展“六月初六秧苗会”等传统节日滋养民心，提高群众的文化生活素养。

“环境变好了，就有了做乡村旅游的条件。”为此，陈大兴动员村民利用自己的农家小院开起了超市、餐馆、民宿。目前大坝村已有农家乐15户，民宿30余家，户均年收入20余万元。

记者行走在大坝村，听到不少村民感叹“现在生活变好了，到处都很干净，住在这里很幸福。”

2019年大坝村实现全面高标准脱贫，贫困发生率从2014年的11.85%降为零。大坝村先后荣获“全国先进基层党组织”“中国美丽休闲乡村”“全国一村一品示范村镇”“全国生态文化村”“全国乡村治理示范村镇”等荣誉称号。

“下一步，我们准备通过规划建设，让大坝村部分还未住上规范农家小院的村民都住上宽敞明亮的房子。在集体产业中，重点解决贫困户的就业问题，实现户户有产业，人人有班上。”陈大兴说。

撰稿：刘　悦

陶正学：“三变”闯出新天地

身家5亿的陶正学，16岁时走出地处深山的盘县舍烹村，一步步把生意做大。知天命之年，他又回到舍烹村，带着资金和激情，立志在家乡的土地上，打造出“资源变资金、资金变股金、农民变股东”的“三变”改革“传奇”。

亲友们不解：“在外面混出名堂不容易，又跑回去干啥？”

陶正学话语不多，却铿锵有力：“各地都在快速发展，舍烹村的老百姓还那么穷，我回去就是想为改变家乡的面貌做点贡献。”

这个从大山里走出来的共产党员，领着山乡的干部和群众，不等不靠不要，建设绿富美家园，也把一个党员的形象树立在人们心里。

2014年，陶正学荣获“全国五一劳动奖章”“全国民族大团结进步模范个人”，2015年陶正学获得“光彩事业国土绿化贡献奖”荣誉，2016年获全国十佳农民，2018年获全国脱贫攻坚奉献奖。

陶正学的家乡舍烹村，头顶娘娘山国家湿地公园，身处乌蒙山国家地质公园六车河峡谷风景区。拥有丰厚的旅游资源和现代农业发展前景。然而，由于受制于交通、观念、资金等因素制约，舍烹村多年来成为“养在深闺”受穷的地方。

年少的陶正学看在眼里，放在心里。1981年，16岁的陶正学离开家乡外出打工。开过货车、办过选煤厂、入股过煤矿，也经营过酒店，经过30多年在外打拼，他成为村里最先富裕起来的人。

在外拼搏总有不顺利的时候。但最难的时候陶正学每年也都必定回村过年。

每次回村，碰到谁家有困难，他都会掏钱救急。逢年过节，他都要带上礼品和慰问金，去看望贫困村民和60岁以上的老人。

多年来不管在哪，陶正学心里始终不忘舍烹村。2000年至2011年，陶正学先后在村里修路、建学校、捐资助学，累计投入2000余万元。但是这并没有给村民带来可持续的收入。

陶正学思考:“输血式”扶贫只是眼前效益，要让乡村有更长远的发展，必须变“输血式”为“造血式”。

“三变”改革，吹响了舍烹村脱贫致富的号角。2012年5月，作为六盘水市“三变”改革试点，陶正学以资源、资金入股的方式，领头成立“银湖股份制农民专业合作社”，依托娘娘山生态群，打造农业产业园区。

为增强入股积极性，银河合作社提出多样化的入股模式。如村民土地分别按800到300元每亩的不同标准，入股到园区发展刺梨、猕猴桃、蓝莓、特色蔬菜等产业，实现资源变资产。村各级财政资金入股园区的农业综合开发生态示范和名优经济林木花卉示范项目，占股10%，实现资金变股金。入股农民作为合作社股东，成了园区真正的创业者、主人翁。

“资源变资产，资金变股金，农民变股东”的“三变”模式引起市、县、乡的高度重视。

“三变”带来大变化。村里土地、劳动力、资产、自然风光等资源一一盘活，群众说：“致富路看得见，摸得着，很实际。”2012年底，陶正学又向村子所在的普古乡党委申请，成立合作社党支部。合作社发展空间更大，带富作用更明显。

“三变”改革意义重大，打破常规的“联村党委”机制应运而生。2013年7月，舍烹、新寨、播秋等8个村和银湖合作社，联合成立普古乡娘娘山联村党委，干部群众一致推举陶正学当上联村党委书记。改革的春风，从舍烹村吹向8个村3100多户村民，8个村的传统农民变身股东，走上脱贫新路。

陶正学怀揣“帮富、领富、带富”的赤子之心，拿出自有资金，选定发展方向，带领群众改变家乡面貌的故事，感动了山里山外，引起了省里、中央的注意。“三变”，成为全国深化农村集体产权制度改革的鼓励性政策。陶正学为此很自豪：“‘三变’让农民收获了实实在在的利益。”

“娘娘山下好风光，银湖美景赛天堂；八村联盟创大业，万人结对奔小康。”这是普古乡群众现在常唱的一首山歌。到2020年底，通过“三变”改革，娘娘山高原湿地生态农业示范园区内，农户人均可支配收入达到16 700元。

撰稿：王淑宜

石丽平：指尖“鸽子花”飞向世界

十月金秋，天朗气清，惠风和畅，在松桃苗族自治县蓼皋街道团山社区移民安置点的锦绣坊内，一排排精致的苗绣作品陈列展厅，一幅幅苗乡好风景尽收眼底，一张张苗绣民族工艺品即将远销海内外。

扶贫车间内的绣娘们正通过一针一线针织民族手工艺品，指尖的传统技艺转变为脱贫的动能，指尖技艺变现为指尖经济，绣娘们的美好生活也在一针一线的刺绣中描绘出来。

松桃刺绣的发展离不开一个人，她就是全国人大代表、铜仁市妇联副主席、贵州省松桃梵净山苗族文化旅游产品开发有限公司负责人、国家级非物质文化遗产代表性项目苗绣省级代表性传承人石丽平。2020年10月，石丽平荣获全国脱贫攻坚奖奉献奖荣誉称号。

“苗家女子祖祖辈辈传承下来的刺绣，对我有着非常大的吸引力。”谈及苗绣，石丽平认为母亲的熏陶至关重要，幼年时期，母亲织布绣花的身影，外婆和母亲带给她的“指尖记忆”弥足珍贵，从小耳濡目染，石丽平三四岁就学会了拿针配线。长大后，石丽平学习苗绣技艺已不满足于家人所传，而是遍访名师、潜心学艺，并成为松桃苗绣的第七代传承人。

石丽平热爱苗绣，更想为苗绣找到一个发展方向。2008年，受金融危机影响，石丽平所从事的锰行业不景气，鉴于早几年前她就收集过松桃当地的老绣片，整理各种针法以及刺绣图案里的故事和文化内涵，有了一定基础。当年12月，石丽平创建了松桃梵净山苗族文化旅游产品开发有限公司，从锰产业转型民间工艺品行业。

对于文化传承，石丽平认为，要激发非遗自身的内在动力，将非遗化为指尖经济，以产业发展来反哺非遗。

从2000年开始，为了收集针法、纹样资料，石丽平几乎走遍了贵州各地。历时八年，行程1.5万多公里，记录苗绣历史，收集苗绣资料，挖掘苗族深厚的文化底蕴，有一些刺绣技法早已失传，只在老物件上能见到，于是她到处搜罗旧物，并找来20名绣娘专门修复它们。将传统图案“鸽子花”与苗族文化、现代时尚元素充分融合进行创作，把“指尖技艺”转化为“指尖经济”，在传承民族文化与打造民族品牌实践中追求梦想。

石丽平的公司开始仅有3名绣娘，文化不高，在收集苗绣绣法时，很多掌握传统技法的绣娘没读过书，也不会说汉语，只能用视频录下她们的刺绣方法，提炼后推广。2015年松桃发大洪水冲走了她8年的收藏，给了她一个严重的打击。

困难并没有让石丽平停下脚步。通过几年的发展，贵州省梵净山苗族文化旅游产品开发有限公司在苗族服饰、苗族文化影视、苗族歌舞、苗族饮食等苗族文化产品领域，先后发展了花鼓、鸽子花、梵净山风光、鱼龙图腾、生活习俗及民间故事6大刺绣系列共220个品种。

2018年，当选为全国人大代表的石丽平在调研中了解到，很多贫困群众虽然通过易地扶贫搬迁政策从大山深处搬到了城镇，遇到了就业难题。于是，她想到通过发展刺绣产业解决搬迁群众的就业问题。

石丽平的公司采取“公司+基地+农户”的灵活就业模式，实行“计件为主+效益+产品提成”薪酬模式。妇女在家就能就业，不仅有了经济来源，也促进了家庭和谐与社会和谐。

到2020年末，她组建的松桃苗绣团队，也由原先的3名绣娘发展到今天的4000多人，她们大多是下岗女工、留守妇女、返乡农民工，还有“绣爷”，公司培训的“绣娘”超过10000名，松桃苗绣也成为牵动苗乡的产业。

松桃苗绣为易地扶贫搬迁安置点的群众带来了新生活，在全市各大安置点，石丽平建立了100个易地扶贫工坊，通过传授苗绣技艺，带动了4000多户易地扶贫搬迁群众就业。仅2019年一年，石丽平的苗绣团队就“绣”出了6000多万元，带动了50多万妇女就业。

如今，苗绣“鸽子花”品牌已享誉海内外，一朵朵“鸽子花”销往了67个国家和地区，石丽平组织生产的苗绣产品被外交部作为指定礼品。

撰稿：胡家林

杨昌芹：“牵手”竹艺 “编织”小康

“10月份第三期培训，牵手竹艺竹编培训招生开始了，每人每天补助40元，中午还包中餐。”2020年10月上旬，在全国人大代表、贵州赤水牵手竹艺发展有限公司负责人杨昌芹的微信朋友圈里，一条条招生信息开始“刷屏”，作为贵州专业的竹编非遗文化传承培训班，杨昌芹对招生对象没有严格限制，只要是16至60岁，身体健康的都可以报名。

出生于1990年的杨昌芹，别看年纪轻轻，心灵手巧的她早已是省级非物质文化遗产赤水竹编传承人。“我一直都在思考，如何让赤水竹编带动家乡发展，让群众早日脱贫。”杨昌芹说，自己是印江人，由于家境贫寒，初中毕业就没再读书，在餐馆干了一年的收银员、洗碗工，攒够学费后，考上了印江自治县一所职业学校的幼师专业。

2007年，杨昌芹作为学校的10名学生代表之一，到赤水学习竹编工艺。

竹编是一个较复杂的工艺技术，一件成品往往要经过20多道工序。通过刻苦学习，杨昌芹很快就掌握了技巧，还发挥想象力推陈出新制作出立体精细竹编，将民族民间传统工艺和现代生活创意融为一体，让一件又件制作精美的竹编受到广泛称赞。

学习结束后，她主动提出留下来，继续深入学习平面竹编技艺，却遭到家人的强烈反对，他们希望杨昌芹做一份安稳的工作。当时，她在老家的公立幼儿园已经找到一份稳定工作，月工资3000元。而留在赤水做竹编，月收入不到400元。但杨昌芹却始终坚定着自己的选择。

随着国家对非物质文化遗产日益重视，2012年，看准竹产业商机的杨昌芹，果断迈出关键一步——成立贵州赤水牵手竹艺发展有限公司，开始了充满挑战和艰辛的创业生涯。

公司刚开张时，有时订单没落实下来，工资发不出。杨昌芹四处筹钱，按时足额发放工人工资。刚学竹编的人，常有产品不合格的情况，杨昌芹亏钱也会原价回收，保证他们的收入，稳住员工队伍。

“我们对所有客户承诺，七天无条件退换货、按时交货、不合格产品坚决不流入市场。” 杨昌芹说，不合格就是不合格，不能以次充好，做人做生意都得讲良心、守信用。

为了出去跑市场、找销路，杨昌芹经常手上拖着两个大箱子，脖子上还挂着一个大书包，时间久了，车站的工作人员都认识她，进站的时候主动搭把手帮忙。

经历了创业的风风雨雨，杨昌芹创办的公司通过村集体扶贫资金入股方式，为贫困户、留守妇女和易地扶贫搬迁户以及部分残疾人提供了就业岗位。

2019年，公司员工从40多人增至106人，产值达到1200万元，拥有20多个商标、12项发明专利，间接带动了赤水市上千人从事竹编生产，巩固了赤水市脱贫攻坚成果。

“当初我给公司取名‘牵手’，是希望牵手更多的人，一起发展竹编工艺，带动更多的群众实现脱贫致富奔小康。”杨昌芹说，经历了10余年的风风雨雨之后，在传承和发扬非物质文化遗产“赤水竹编”的同时，也将赤水漫山遍野的竹林，变成带动群众致富奔小康的“绿色银行”。

“哪怕是在疫情中，我们企业没有一个人失业，还在研发新产品，还在不断扩大生产，让大家都有活干，让大家都有收入。”杨昌芹说，有稳岗补贴资金，有政府帮助对接市场，生态优势与经济优势的相互转化更加多元，她有信心让更多人端起非遗手艺的“饭碗”。

“非遗不仅仅是文化，也可开发成产业，可以带动一方致富。我们传承人带头干好小而精的文化产业，这些产业就会成为脱贫攻坚的特色经济和未来乡村振兴的文化支撑。同时，乡村振兴需要更多青年人才加入进来。”杨昌芹说，希望更多年轻人回到传统文化产业中创业就业，非遗产业发展将大有可为。

截至2020年末，在赤水有20万人从事与竹相关的产业活动，已形成以生态竹产业为支撑的种植、加工、旅游等全产业链。很多人像杨昌芹一样，成为产业链中的一环，依靠生态旅游，走上了旅游路、吃上了旅游饭、发上了旅游财。

撰稿：李　坚

郭锋：京城来的扶贫“尖兵”

作为工作在首都北京的一名机关干部，郭峰不远千里来到贵州山区的贫困县，投身火热的脱贫攻坚战役中，通过上下奔忙，调动行业资源，为贵州织金县的脱贫事业做出突出贡献。

郭锋是全国工商联（以下简称全联）扶贫与社会服务部扶贫工作处处长，于2019年3月挂任毕节市政府副秘书长、织金县委副书记。挂职以来，郭锋认真推动全联定点扶贫织金县实施的帮扶项目，积极主动配合织金县开展脱贫攻坚工作。“我是脱贫攻坚战场上的士兵，哪个战壕需要我，就到哪里去。”郭锋常说。

2019年3月踏上织金这片土地，郭锋感慨万千，他的心绪回到了8年前，那是2011年8月，作为“三门”干部，他被派到织金挂职锻炼一年。“那时候心里想的就是到基层学习锻炼一下。”郭锋说，这次不一样，自己是带着重任而来，脑海里想着离京时领导的交代：确保织金2019年如期摘帽、确保定点扶贫工作考核取得好的等次；既要助推织金脱贫、还要积极探索毕节新发展理念示范区建设之路。

通过深入调研，郭锋认为推动织金减贫摘帽的当务之急是补齐脱贫短板。于是，在全国政协副主席、全国工商联主席高云龙的亲自倡导下，围绕教育、医疗、住房、饮水等“3+1”短板补齐及产业结构调整需求，全国工商联面向全体执委和机关干部开展了“定点扶贫我参与”活动，在十二届执委会上开展认捐5333.19万元善款，通过捐赠“一棵皂角树、一头牛、一头猪、一栋危房改建、一口小水窖”的“五个一”项目，为织金县脱贫攻坚补短板。

为确保捐赠款项落实、帮扶聚焦精准、项目尽快落地，郭锋积极在全国工商联与织金县之间的准确有效沟通，在县工商联与县直部门之间的频繁协调调度，在基金会与企业之间主动热情联络，推动织金于2020年5月底上报了“五个一”实施方案，6月初与光彩基金会签署捐赠协议。为确保项目如期顺利推进，郭锋持续跟踪项目进度、保障用途精准、监管资金拨付。截至2020年底，织金县实施的“五个一工程”建成水窖1890口，改建危房679套，种皂角2627.72亩等。已实施完成部分惠及3273户13 448人，待二期项目实施完成，共惠及3757户共15 434人。

在实施帮扶过程中，郭锋发现限时补齐“两不愁三保障”短板，依靠项目投资带动发展已远水解不了近渴，需要捐赠的支持。一年多时间，郭锋一边精准谋划项目，一边紧紧依托全国工商联机关，努力为织金争取更多扶贫捐赠，同时按照要求推动项目落地、监管资金使用。在全国工商联领导和机关部门大力支持下，2019年3月至2020年底，组织民营企业向织金新增现金捐赠8973.19万元，捐赠物资价值约1127.4万元。

2020年初，疫情肆虐，郭锋无法返回县里，他积极配合全国工商联扶贫部协调民企向织金县捐赠价值20万元的医用酒精、1000个口罩和5000

双医用手套。3月6日郭锋返回织金后，第一时间向扶贫部申请对织金追加捐赠1000万元，以扩大就业、尽量抵消疫情对脱贫影响。同时，努力配合全国工商联人才中心，指导织金县人社局收集务工人员信息、对接用工单位，促进劳动力外出就业。

2020年，在郭锋联系推动下，全国工商联以猫场镇龙潭村为试点，积极探索乡村振兴路子，投入资金500万元建设皂角加工厂，投入资金1000万元改善道路等基础设施。“我们的目的是按照‘产业兴旺、生态宜居、乡风文明、治理有效、生活富裕’总要求，打造乡村振兴示范点，为建设贯彻新发展理念示范区探路。”郭锋说。

对于自己获得全国脱贫攻坚贡献奖，郭锋说这更多是鼓励和鞭策，织金县干部群众战天斗地的精神让自己深受教育，灵魂得到洗礼。自己作为脱贫攻坚战场上的一员老兵，从织金“战友们”身上学到了很多，这段特殊的经历，将是自己人生中一笔宝贵的财富。

撰稿：谢朝政　陈泽尔

王华银："小个子"也能顶天立地

王华银的眼里有几分忧思，但更多的是坚毅和从容。和普通人不一样，这位出生于1984年的年轻人，身高仅有1.2米。王华银和弟弟王华军的一生，都与侏儒症伴随。

无法选择自己的身高，无法回避别人古怪的眼光，但王华银说他可以选择活出一个样子来。

一家七口，三个残疾。这个家庭的特殊命运，在外人看来一定带着许多哀伤，但王华银并不这么想。他说，命运"在打击我的同时，也是在帮助我"。而今，在王华银脸上看不出痛苦之情，刻在他表情里的，是不向命运低头的精气神。

因为双股骨坏死，王华银的腰常常疼得厉害，不能久坐更不能久站，但他并没有因此就放弃劳动甘做一名等着"帮扶"的贫困户。在外闯荡多年后，他和家人、乡邻都想到了一块儿：在家乡抱团发展、勤劳致富。

没人能够想到，王华银会成为福泉市牛场镇双龙村茶园组养殖产业的主心骨，成为村里的脱贫先锋。他和乡亲们一起搞养殖业，而今已是猪肥牛壮，收获颇丰。"我不喜欢贫困的包袱，我要和大家一起，甩掉贫困的重负。"身残志坚自强不息的王华银，正与乡亲们一道在故乡的土地上奋力拼搏，创造着“有尊严”的生活。

“在大家的帮助下，我养牛、养猪，收入增加了，生活好了，不能占用国家资源，不能再吃低保了。”按现行政策，他们一家是可以继续享受低保待遇的，但在2015年，王华银一家主动退出了低保户行列，“我们要自己养活自己，不当贫困户。”不等、不靠、不要，王华银以微弱之躯奋力寻求生存之路。

“一个人富不算富，大家富才是真的富。”2016年，在村“两委”及有关单位的有力支持下，王华银发动返乡村民陈顺江、王华江等14人，与生意经验丰富的刘永富，组建了福泉市银富种养殖农民专业合作社，茶园组的养殖产业逐渐远近闻名。

而今，在规模逐渐扩大的合作社养殖场里，村民们和谐地抱团发展、劳动致富。

“我想看到的情况，不是每家单独养十几头猪几头牛，而是把全村的土地、人力资源集中使用，搞集中养殖，如果集中起来科学养殖，我们可以养几百头猪和牛。”也正是这种“抱团发展”的想法，让王华银牵头组建的合作社欣欣向荣。承担养殖工作的农户，大部分曾在外务工，他们回到家乡，都是受到王华银自强不息精神的影响。

乡亲们都知道，王华银自强不息的精神，源自他多次创业经历的磨炼。

而今，虽然赚了些钱，但王华银说没存多少钱，把赚的钱都用来扩大养殖规模了，他说这叫“滚雪球”，要扩大再生产。

在多年的养殖过程中，王华银学习、积累了不少经验，乡亲们都说他懂技术，也懂市场，养牛养猪都可以赚钱。搞养殖出了名，很多人说："王华银都能在家里养牛养猪赚钱照顾家庭，我们为什么还要在外面打工？回家去，跟着王华银干，不懂的地方，就跟他学！"

"华银哥带着大家一起搞养殖，他帮助大家都是不求回报的，哪家遇到问题，一喊他就马上赶到。"合作社成员陈顺江说，现在养猪每年收入不错，在王华银带领下，相信大家的日子会越来越好。

王华银能说会道，他是福泉农商行农村金融致富学校"流动课堂"的讲师。他在课堂上与农户进行创业经历分享，也和大家讨论养殖技术。"矮哥"一贯的坚强、乐观、好学、自信，深深地感动着也激励着身边的人们。

在王华银看来，争当贫困户是一件没有尊严的事情，因此，乡亲们说他"思想境界很高"。"王华银都主动放弃低保，不愿当贫困户，像我们这些手脚利落的正常人，如果还赖着贫困户的帽子不想摘，说出来都打自己脸，自己都不好意思。"一些贫困户也跟着主动放弃贫困指标，把精力投入到靠自力更生致富。

从"要我脱贫"到"我要脱贫"，王华银的表率作用润物无声。而今，茶园组的产业发展风生水起，与摒弃"等、靠、要"思想的精神状态有很直接的关系。

王华银说，他希望乡亲们都"牛起来"，把日子过得更幸福。这是他希望获得的更大的尊严。

撰稿：岳　振

后　记

历尽铅华成此景，人间万事出艰辛。在“两个一百年”奋斗目标交汇期，感恩奋进的贵州，奋力向贫困发起总攻，以高质量打赢脱贫攻坚战的历史性成就，宣告彻底撕掉延续千百年来的绝对贫困标签，这是贵州具有划时代意义的大事件；后发赶超的贵州，开创经济社会“黄金十年”快速发展期，以同步全面建成小康社会的历史答卷，宣示开启全面建设社会主义现代化的崭新征程。

党的十八大以来，贵州深入学习贯彻习近平新时代中国特色社会主义思想，深学笃行习近平总书记对贵州的指示批示精神，牢记嘱托，感恩奋进，坚持以脱贫攻坚统揽经济社会发展全局，紧紧依靠全省各族干部群众的团结拼搏，牢牢守好发展和生态“两条底线”，强力实施大扶贫、大数据、大生态“三大战略行动”，聚力推进生态文明试验区、大数据综合试验区、内陆开放型经济试验区、毕节试验区贯彻新发展理念示范区建设，经济社会发展取得历史性成就，实现经济总量赶超进位的历史性跨越，被习近平总书记赞誉为党的十八大以来党和国家事业大踏步前进的一个缩影。

贵州是全国贫困人口最多、贫困面最大、贫困程度最深的省份，是全面建成小康社会任务最艰巨的省份之一。作为全国脱贫攻坚主战场的贵州，精准靶向扶贫之的，精准把握脱贫之势，精准推进脱贫之事，举全省之力向绝对贫困发起总攻，以从全国贫困人口最多的省份成为减贫人口最多的省份的战贫业绩，以全国最大规模的易地扶贫搬迁推动贫困人口一步跨千年的战贫壮举，以可绕地球两圈的组组通硬化路为标志的改善贫困区域生产生活条件的战贫行动，以来一场振兴农村经济的深刻的产业革命持续推动产业扶贫的战贫创举，以教育、住房、医疗和饮水安全“3+1”根本保障阻断贫困代际传递的战贫举措，以扶贫脱贫与扶志扶智相结合夺取物质和精神“双丰收”战贫硕果，奠基了一个经济社会发展速度走在全国前列的贵州，成就了一个消除绝对贫困而奋力爬高的贵州，66个贫困县全部摘帽，923万贫困人口实现脱贫，消除了绝对贫困和区域性整体贫困，如期完成了脱贫攻坚目标任务，一步跨千年，同步达小康，为中国减贫奇迹作出了贵州贡献，打造了脱贫攻坚的“贵州样板”，开辟了同步小康的“贵州新路”，缔造了决战决胜的“贵州精神”，成就了中国减贫奇迹的“贵州缩影”。

贵州的减贫奇迹，是在习近平总书记亲切关怀、党中央坚强领导下取得的，是习近平新时代中国特色社会主义思想指引下干出来的，是贵州各级党委政府团结带领生活在17.6万平方公里土地上的3800多万各族人民同心战贫、众志成城书写的。贵州脱贫攻坚的成功实践，是党的领导的政治优势的鲜明体现，是社会主义制度优越性的生动诠释。贵州的脱贫攻坚的基本经验，着力于生产方式和生活方式的协调变革，着力于主观世界和客观世界的相互改造，着力于普遍联系和变化发展的相互促进，蕴含着落后地区以脱贫攻坚为统揽推动经济社会发展进步的基本规律和基本方法，构成了贵州“守底线、走新路、战贫困、奔小康”的独特方法论体系，是我们巩固拓展脱贫攻坚成果、持续推进乡村振兴、开启现代化新征程的重要物质积累，是我们开创百姓富生态美多彩贵州新未来的宝贵精神财富。

当前，我省正在深入学习贯彻习近平总书记春节前考察贵州工作时的重要讲话精神，以高质量发展统揽全局，围绕在新时代西部大开发中闯新路、在乡村振兴上开新局、在实施数字经济战略上抢新机、在生态文明建设上出新绩“四新”目标，抢抓重大机遇，发挥比较优势，统筹推进新型工业化、新型城镇化、农业现代化、旅游产业化“四化”发展，奋力开创百姓富、生态美的多彩贵州新未来。

适时组织编写出版“中国减贫奇迹的贵州路径”丛书，对于我们全面贯彻落实党的十九届五中全会精神，落实省委十二届八次、九次全会精神，弘扬贵州脱贫攻坚宝贵经验，发扬新时代贵州攻坚精神，巩固拓展脱贫攻坚成果，推进乡村全面振兴，接续推进第二个百年奋斗目标的有机衔接，乘势而上开启贵州全面建设社会主义现代化新征程，谱写中华民族伟大复兴中国梦贵州精彩篇章，无疑是具有重要价值和深远意义的。

“中国减贫奇迹的贵州路径”丛书，涵盖了贵州在决战决胜脱贫攻坚特殊历史时期的重大创造、重大决策和实践创新。“中国减贫奇迹的贵州路径”丛书在《五步工作法：贵州脱贫攻坚的实践》和《八要素：贵州农村产业革命的实践》两本书的基础上，续编出版《六个转变：以十二个产业为重点振兴农村经济的贵州新路》《六个坚持：搬迁扶贫一步跨千年的贵州创举》《组组通硬化路：打通连接山里山外致富路的贵州壮举》《民生“3+1”：教育医疗住房饮水的贵州保障》《党建扶贫：聚焦聚力抓具体抓深入的贵州会战》《千年之变：中国减贫奇迹的贵州故事》《旅游扶贫：谱写生态美百姓富的贵州传奇》《基本经验：中国减贫奇迹的贵州缩影》等八本书籍，整体形成十本书的系列丛书。系列丛书的编写工作得到了省领导的大力支持和精心指导。成立了由李建同志任主编、李裴同志和陈朝伦同志任执行主编的系列丛书编委会，统筹推进系列丛书编写工作。省乡村振兴局给予了编写工作大力支持。编委会在省政府发展研究中心成立系列丛书编写工作联络联系小组，从中心农村部和贵州财经大学绿色发展战略研究院（贵州绿色发展战略高端智库）抽调专人办公，负责系列丛书编写出版工作的日常事务。编委会邀请了王瑞军、谢一、田洪、汤正仁、杨军、程进、高刚、王永平等领导和专家对系列丛书书稿进行了指导和咨询。系列丛书编写过程中得到了省教育厅、省工信厅、省住房和城乡建设厅、省交通运输厅、省农业农村厅、省水利厅、省卫生健康委、省生态移民局、省林业局、贵州日报报刊社、省社会科学院、贵州出版集团、贵州人民出版社有限公司以及贵阳市、遵义市、六盘水市、安顺市、毕节市、铜仁市、黔东南州、黔南州、黔西南州等单位的积极支持和高效配合。

“中国减贫奇迹的贵州路径”丛书的编写出版，各本书分别组织了编写小组，负责编写任务的落实。《六个转变：以十二个产业为重点振兴农村经济的贵州新路》由省农业农村厅赵雪峰等负责编写；《六个坚持：搬迁扶贫一步跨千年的贵州创举》由省政府发展研究中心刘思哲等负责编写；《组组通硬化路：打通连接山里山外致富路的贵州壮举》由贵州财经大学张再杰等负责编写；《民生“3+1”：教育医疗住房饮水的贵州保障》由省社会科学院王兴骥等负责编写；《党建扶贫：聚焦聚力抓具体抓深入的贵州会战》由省委政策研究室陈成等负责编写；《千年之变：中国减贫奇迹的贵州故事》由贵州日报报刊社冉斌等负责编写；《旅游扶贫：谱写生态美百姓富的贵州传奇》由贵州财经大学杨春宇等负责编写；《基本经验：中国减贫奇迹的贵州缩影》由贵州省政府发展研究中心陈贤等负责编写。

“中国减贫奇迹的贵州路径”丛书或有疏漏之处，敬请阅者见谅。

2021年4月21日